Epkenhans · Zimmermann

Die Wehrmacht – Krieg und Verbrechen

Kriege der Moderne

Herausgegeben vom Zentrum für Militärgeschichte
und Sozialwissenschaften der Bundeswehr

Michael Epkenhans
John Zimmermann

Die Wehrmacht – Krieg und Verbrechen

Reclam

Zentrum für Militärgeschichte und Sozialwissenschaften der Bundeswehr, Fachbereich Publikationen (0876-01)

2019 Philipp Reclam jun. Verlag GmbH,
Siemensstraße 32, 71254 Ditzingen
info@reclam.de
Umschlaggestaltung: Philipp Reclam jun. Verlag GmbH
Umschlagabbildung: Jüdische Zwangsarbeiter in der am Dnepr gelegenen Stadt Mogilew (Mahiljou). Aufnahme des PK-Fotografen Rudolf Kessler. Bundesarchiv Bild 101I-138-1083-26.
Druck und Bindung: Firmengruppe APPL, aprinta druck GmbH, Senefelderstraße 3–11, 86650 Wemding
Printed in Germany 2025
RECLAM ist eine eingetragene Marke der
Philipp Reclam jun. GmbH & Co. KG, Stuttgart
ISBN 978-3-15-011238-0
reclam.de

FSC www.fsc.org MIX Papier | Fördert gute Waldnutzung FSC® C004592

Alle CO_2-Emissionen, die beim Druckprozess unvermeidbar entstanden sind, haben wir durch ein Klimaschutzprojekt ausgeglichen.

Nähere Informationen finden Sie hier:

natureOffice
natureOffice.com/DE-239-2EVAUR9
Rohstoffe
Anlieferung
Produktion
g CO2e pro 668 Druckprodukt
CO2e-Emissionen ausgeglichen

Inhalt

➚ **Fast 900 Tage war Leningrad, heute Sankt Petersburg, von der Außenwelt abgeschnitten. Die Abriegelung der Stadt war eines der größten Kriegsverbrechen der Wehrmacht.**

1 »Nicht mehr lebenswert« – Die Wehrmacht vor Leningrad

Am zweiten Weihnachtsfeiertag 1941 stimmte der Oberbefehlshaber der 18. Armee, Generaloberst Georg von Küchler, dem Antrag des XXVIII. Armeekorps zu: 230–240 psychisch, an Syphilis oder Epilepsie erkrankte Frauen aus einer Anstalt in dem ehemaligen Kloster Makarevskaja Pustin sollten durch ein Einsatzkommando des Sicherheitsdienstes (SD) ermordet werden. Die Patientinnen seien »auch im Sinne deutscher Auffassung Objekte nicht mehr lebenswerten Lebens«, urteilte das Armeekorps. Auch wegen der Seuchengefahr sei ihre Ermordung unvermeidlich. Das, was danach geschah, war kein Einzelfall. Bereits in den Wochen zuvor hatte der Oberquartiermeister des Armeeoberkommandos »die Übergabe« der Insassen einer anderen Anstalt in Nikolskoe befohlen, da die »Ernährung der 1200 Irren« nicht mehr möglich sei. Wenig später überzeugte sich Küchler persönlich vom »Erfolg« der Maßnahme: 850–900 Patienten der Anstalt waren mit Giftinjektionen getötet und in einem Panzergraben verscharrt worden.

Dieser Fall ist nur ein Beispiel für Verbrechen durch die Wehrmacht oder deren Beteiligung an diesen seit Beginn des Krieges. Dieses Mal ermordete der SD auf ihren Befehl im Winter 1941/42 an der Front vor Leningrad Hunderte Insassen von Anstalten. Nützlichkeitserwägungen und NS-Ideologie verbanden sich dabei zu einem tödlichen Gemisch. Für die Verantwortlichen waren die Kranken unnütze Esser, ihre Unterkünfte wurden dringend für die frierende und durchnässte Truppe benötigt. Zugleich, und darin wird der ideologische Charakter der Entscheidung deutlich, waren sie aus NS-Sicht »unwertes Leben«.

Wie unter einem Brennglas tritt in diesem Fall der scharfe Bruch zwischen vorangegangenen Kriegen und dem »Weltanschauungskrieg« zutage, zu dem die Wehrmacht angetreten war. Die Versorgung und Schonung der Zivilbevölkerung, die ja unter den Folgen eines Krieges litt, gehörte selbst nach den Vorschriften der Wehrmacht zu ihren Aufgaben. Diese Verpflichtung ignorierte sie vor allem in Osteuropa jedoch skrupellos: Sonderbefehle hatten von Anfang an dafür gesorgt, dass das bisherige Kriegsrecht im Osten nicht galt. Der *Kommissarbefehl* sah die gezielte Ermordung der Polit-Kommissare der Roten Armee vor; der *Kriegsgerichtsbarkeitserlass* gab den Soldaten einen Freibrief bei der Behandlung der Bewohner des Landes, das sie erobern sollten.

Bedeutete dies aber, dass die Wehrmacht mit ihren 18 Millionen Soldaten damit nichts anderes war als ein »marschierendes Schlachthaus« (Michael Naumann)? Die grausamen Fakten legen dies nahe: Deutsche Truppen schlossen Leningrad bereits am 8. September 1941 ein und belagerten die Stadt bis zu ihrer Befreiung durch die Rote Armee am 27. Januar 1944. Luftwaffe und Artillerie zerstörten mit ihren Bombardements große Teile Leningrads – Pläne, die Stadt zu erobern, gab die Wehrmacht im Laufe des Jahres 1942 jedoch auf und beschränkte sich auf die Abwehr der sowjetischen Versuche, die Stadt zu befreien. Die von jeglicher Versorgung abgeschnittenen Einwohnerinnen und Einwohner überließ die Wehrmacht ihrem Schicksal; die Folgen waren verheerend. Die hungernden Menschen begannen alles zu essen, was irgendwie organischen Ursprungs war: Nachdem die letzten Lebensmittel bereits Ende September 1941 verbraucht waren, wurden zunächst Tiere bis hin zu Krähen und Ratten, hernach Klebstoffe, Tapetenkleister und Schmierfette zur Nahrung; selbst Fälle von Kannibalismus sind belegt. Geringe Lebensmittelmengen konnten Einheimische und sowje-

Einwohner der belagerten Stadt bringen ihre Toten zum Wolkowo-Friedhof, 1942. Die Stadt an der Newa hatte bei Kriegsbeginn drei Millionen Einwohner. Etwa 1,4 Millionen Menschen konnten evakuiert werden, zwischen 600 000 und 1 Million starben.

tische Truppen unter erheblicher Lebensgefahr freilich über den bald zugefrorenen Ladogasee in die Stadt bringen. Im Winter wurde diese Verbindung über das Eis zur »Straße des Lebens«; bis zur Befreiung der Stadt im Januar 1943 blieb sie die einzige Verbindung zur Außenwelt. Dann konnten sowjetische Truppen unter horrenden Personalverlusten wenigstens einen schmalen Landkorridor errichten, der allerdings innerhalb der Reichweite der deutschen Artillerie lag. Rund um die Belagerung der Stadt verloren inklusive der Kämpfer zwischen 1,6 und zwei Millionen Menschen ihr Leben, davon verhungerten in Leningrad zwischen 600 000 und einer Million Menschen oder erlagen Krankheiten.

Der Blick auf den ›Mikrokosmos‹ vor Leningrad zeigt, dass es ungeachtet aller Schrecken und Verbrechen notwendig ist, zu differenzieren.

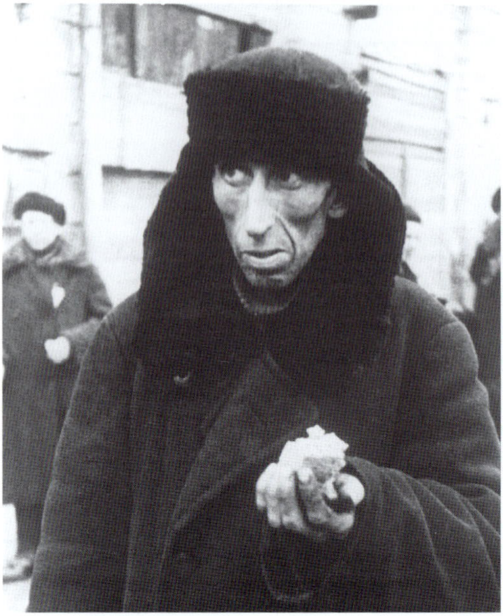

Ein ausgemergelter Einwohner Leningrads mit seiner Tagesration Brot, einem Gemisch aus Baumrinde, Kleie, Tannennadeln und etwas Mehl, 7. April 1942.

Auf der einen Seite standen jene, die gnadenlos Hitlers Befehl ausführen und Leningrad wie Moskau »dem Erdboden« gleichmachen wollten, »um zu verhindern, dass Menschen darin bleiben, die wir dann im Winter ernähren müssten«. Andere wollten die Stadt erobern und schmiedeten erste Pläne für die »Behandlung« der Bevölkerung. Wieder andere, darunter der Chef des Generalstabs des Heeres, Generaloberst Franz Halder, glaubten angesichts fehlender klarer Befehle Hitlers »an die Bereinigung Leningrads nur durch den Hunger, nicht durch Waffengewalt«. Letztlich lief es auch darauf hinaus, da ein Teil der Truppen abgezogen wurde, um vor Moskau eingesetzt zu werden.

Manche Befehlshaber, vor allem aber viele Landser zeigten durchaus Skrupel, auch was die Behandlung der Bevölkerung im eroberten Gebiet betraf. Anders sind die Weisungen, keine »missverstandene Menschlichkeit« zu zeigen, oder Truppe und verhungernde Bevölkerung »durch das Ziehen eines großen Stacheldrahtzaunes« dauerhaft voneinander zu trennen, nicht zu erklären. Bei einer Frontbesichtigung befahl Küchler schließlich Ende November 1941: »An die Zivilbevölkerung dürfen unter keinen Umständen Lebensmittel abgegeben werden.

Franz Halder (1884–1972) leitete den Überfall auf die Sowjetunion. Nach Streitigkeiten über operative Planungen setzte Hitler 1942 ihn als Chef des Generalstabes des Heeres ab. Halder unterhielt Kontakte zur Widerstandsgruppe um Ludwig Beck. Nach dem Attentat vom 20. Juli 1944 wurde Halder in das KZ Flossenbürg gebracht.

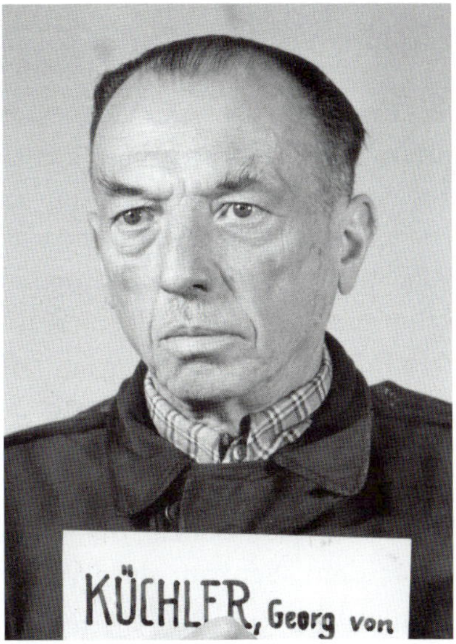

Georg von Küchler (1881–1968) leitete die Belagerung von Leningrad. Nach dem Krieg wurde er zu 20 Jahren Gefängnis verurteilt, kam jedoch 1953 frei. Seine Mitverantwortung an den Verbrechen bestritt er stets.

Jeder Soldat muss sich darüber klar sein, dass letzten Endes diese Lebensmittel seinen Angehörigen in der Heimat entzogen werden.« Kritik selbst hochrangiger Generale an dieser Politik des gezielten Verhungernlassens, die durch die Wegnahme der »letzten Kühe der einzelnen Bauern« und der Winterbekleidung der Bevölkerung noch weiter gesteigert wurde, prallte an Küchler ab. Verhindern konnte er die vereinzelte heimliche Unterstützung der Hungernden durch seine Soldaten, ja sogar die Abgabe von Essen durch Feldküchen allerdings nicht. Menschlichkeit, aber auch die Angst, wie von der Armeeführung vorgesehen, doch auf hungernde Flüchtlinge aus Leningrad schießen zu müssen, dürften manche zu dieser Hilfe veranlasst haben. An der Tatsache, dass sie als kleines Rädchen in einem großen Getriebe dieses Elend erst mit verursacht hatten, ändert dies freilich nichts.

Wie aber gingen die Verantwortlichen mit ihrer Verantwortung und ihren Verbrechen später um? Als Küchler in einem der Nachkriegsprozesse in Nürnberg auch für die Ermordung der Patientinnen von Makarevskaja Pustin angeklagt und schließlich verurteilt wurde, stritt er jegliche Verantwortung ab. Zu einem Eingeständnis der eigenen Schuld sah er genauso wenig Veranlassung wie viele andere auch. Dennoch wurde Küchler zu zwanzig Jahren Zuchthaus verurteilt, die er allerdings nur teilweise absitzen musste. Als er 1952 vorzeitig entlassen wurde, war bereits der Nährboden für die Legende von der »sauberen Wehrmacht« bereitet. Von den späteren Prozessen gegen die Angehörigen von SS, SD und Polizei, die teilweise mit direkter Unterstützung oder unter dem ›Schirm‹ der Wehrmacht Millionen von Menschen ermordet hatten, blieben die verantwortlichen Generale, Offiziere und Mannschaften daher weitgehend verschont. Kaum jemand war an ihrer Schuld interessiert.

1987 sollte allerdings ein ehemaliger Offizier der Wehrmacht, der selbst zeitweise zu den Belagerern der Stadt gehört hatte, Bundespräsident Richard von Weizsäcker, bei einem vielbeachteten Besuch des Friedhofs, auf dem Hunderttausende der Opfer begraben sind, sich zu diesen Verbrechen bekennen. Nachdem er bei einer früheren Reise nach Leningrad sich sogar selbst als einen »der Hunnen« bezeichnet hatte, welche die Stadt belagert hatten, schrieb er ins Gedenkbuch des Friedhofs: »Ich bin heute hier, um alles in meinen Kräften stehende dazu beizutragen, dass künftigen Generationen erspart bleibt, was der Krieg an Gewalt, Not und Tod mit sich gebracht hat.«

Der Weg zu diesem Bekenntnis und dem Willen, Verantwortung durch Erinnerung zu übernehmen, war jedoch weit gewesen. Die wissenschaftliche Aufarbeitung der Beteiligung der Wehrmacht an den Verbrechen des NS-Regimes und ihre Verantwortung für den »Kulturbruch« in der deutschen Geschichte durch die historische Forschung, allen voran durch das Institut für Zeitgeschichte (1949) und das Militärgeschichtliche Forschungsamt (1957), hatte die Mehrheit der Bevölkerung kaum wahrgenommen. Auch im Anschluss an den US-Film *Holocaust* ging es Anfang der 1980er Jahre in den öffentlichen Diskussionen in erster Linie um die Rolle der SS und der Gestapo, nicht

1987 legte Bundespräsident Richard von Weizsäcker auf dem Friedhof von Leningrad einen Kranz für die Opfer der Belagerung nieder.

aber um die Verantwortung der Wehrmacht für die Verbrechen des NS-Regimes.

Erst die »Wehrmachtsausstellung« des Hamburger Instituts für Sozialforschung Mitte der 1990er Jahre sollte dieses weitverbreitete Desinteresse überwinden. Trotz vieler Proteste ehemaliger Wehrmachtsoldaten gegen den Vorwurf, Kollektivtäter gewesen zu sein, besteht heute kein Zweifel mehr daran, dass die Wehrmacht als Organisation für viele Verbrechen des NS-Regimes mitverantwortlich war. Gleichwohl gilt es sorgfältig zu unterscheiden. Als Organisation war die Wehrmacht der »stählerne Garant« (Rolf-Dieter Müller) des Regimes. Ohne Wehrmacht kein Krieg, ohne Krieg keine Verbrechen, so könnte die einfache Formel lauten.

Doch was bedeutete dies konkret, beim Blick auf die 18 Millionen Angehörigen der Wehrmacht? Sie alle oder ihre große Mehrheit als Verbrecher zu bezeichnen, würde der historischen Wahrheit nicht gerecht werden. Allerdings lassen sich Tätergruppen bestimmen, die in unterschiedlicher Weise Verantwortung trugen: Dies waren zunächst jene führenden Offiziere, die nicht nur die Kriege des NS-Regimes aus tiefster Überzeugung mitgeplant und geführt hatten, sondern auch mit besonderen Befehlen wie dem *Kommissarbefehl* den Rahmen für massenhafte Verbrechen geschaffen hatten. Andere hatten vor Ort aus vielerlei Gründen Verbrechen befohlen und geduldet oder aus unterschiedlichsten Gründen selbst begangen. Tatorte waren vor allem der Osten, wo der NS-Ideologie zufolge der eigentliche Vernichtungskrieg stattfand, aber auch die übrigen besetzten Gebiete – von Norwegen über Frankreich bis nach Italien, Jugoslawien und Griechenland.

Die Bandbreite dessen, was unter Verbrechen zu verstehen ist, ist groß. Sie reicht von jenen Verbrechen, die von jeher Kriegsverbrechen waren, wie die Erschießung von Soldaten, die sich bereits ergeben hatten, oder der Ermordung unbeteiligter Zivilisten über willkürliche Hinrichtungen und Zerstörungen bei der Bekämpfung von Partisanen, die systematische Unterversorgung von sowjetischen Kriegsgefangenen und die gnadenlose Ausbeutung der besetzten Gebiete bis hin zur Unterstützung der rassistischen Mordpolitik von SS, SD und Polizei. Front- und Besatzungstruppen waren an diesen Verbrechen in unterschiedlicher Weise und unterschiedlichem Umfang beteiligt; Form und Ausmaß variieren auch in den verschiedenen Kriegsgebieten. Der kollektive Schuldvorwurf – Hannes Heer, einer der Initiatoren der Wehrmachtsausstellung, sprach von 80 Prozent aller Wehrmachtangehörigen – geht, wie die Forschung inzwischen gezeigt hat, sicherlich fehl. Aber selbst wenn sich nur die fünf Prozent schuldig gemacht hätten, von denen Rolf-Dieter Müller ausgeht, so beläuft sich die Zahl der Täter in der Wehrmacht doch auf 900 000 Soldaten. Dies ist keine zu vernachlässigende Größe; sie entspricht fast der doppelten Sollstärke der Bundeswehr vor 1990.

↗ Militärparade zu Hitlers 50. Geburtstag in Berlin, an dem Tausende dem »Führer« ihre Treue bekundeten. Mit derartigen Inszenierungen verstand es das NS-Regime, Massen zu begeistern.

2 NS-Ideologie und Wehrmacht

Der Kulturbruch in der deutschen Geschichte zwischen 1933 und 1945, für den auch die Wehrmacht Verantwortung trägt, ist nur verständlich, wenn dessen ideologische Grundlagen berücksichtigt werden. Anders als viele Kriege in den Jahrhunderten zuvor war der Zweite Weltkrieg kein ›klassischer‹ Krieg um Macht und Einfluss, Territorien, strategische Positionen oder Rohstoffe und Absatzmärkte. Darum ging es zwar auch, aber die eigentliche Triebfeder dieses Vernichtungskriegs war eine Weltanschauung, deren zentrale Elemente ein radikaler, universeller Antisemitismus und eine Aufteilung der Welt in »Räume« waren. Adolf Hitler, anfangs »Führer« einer kleinen Münchener Splitterpartei, hatte diese Ideologie seit der Mitte der 1920er Jahre »zusammengezimmert« (Hans-Ulrich Thamer). Völkisch-antisemitische, rassenbiologische und sozialdarwinistische, nationalistische wie auch imperialistische, antidemokratische und antimarxistische Vorstellungen hatte Hitler dabei vermischt. Für Millionen Menschen sollte die politische Umsetzung dieser Ideologie den Tod bedeuten.

Bereits im ausgehenden 19. Jahrhundert hatten Geopolitiker, Volkstumsideologen und Antisemiten ihre abstrusen Ideen von der Notwendigkeit von »Lebensraum« und »Weltherrschaft«, »Rassenreinheit« und »Kampf ums Dasein« propagiert. Nur ein Staat, der über ausreichend »Lebensraum« für sein ethnisch homogenes »Volk« verfüge, sei auf Dauer »lebensfähig«. Diese Vorstellungen waren untrennbar verknüpft mit der Idee von einer Hierarchie der Staaten, Völker und Rassen. Dazu gehörte auch die Vorstellung, dass Staaten nur dann »stark« seien, wenn kein innerer »Zwist« sie spalte. Antiparlamentarismus und antidemokratisches Denken waren insofern ebenfalls integrale Bestandteile dieser Vorstellungen.

Zunächst eher unterschwellig, zunehmend jedoch offener spielte seit den 1880er Jahren auch Antisemitismus eine wichtige Rolle, der teilweise auf alten antijüdischen Ressentiments beruhte, sich jedoch zu einer pseudowissenschaftlich untermauerten Rassenlehre verdichtet hatte. Die Schriften führender nationalistischer Organisationen wie des 1891 gegründeten Alldeutschen Verbands hatten die Vorstellungen von einem starken, autoritären Staat, die Ausgrenzung und Entrechtung der Juden sowie die Gewinnung von »Lebensraum« im Osten durch die »Ausweisung« der dortigen Bevölkerung bei den »Völkischen« popularisiert. Dennoch handelte es sich dabei damals noch um Splittergruppen, deren Vorstellungen politisch und gesellschaftlich keine Mehrheit fanden. Die Niederlage im Ersten Weltkrieg und die folgende Revolution 1918/19, der als Schmach empfundene »Diktatfrieden« von Versailles sowie der Sieg der Bolschewisten im Russischen Bürgerkrieg (1917–1922), den viele auch schon vor Hitlers Aufstieg für eine jüdische Weltverschwörung hielten, verliehen diesen Vorstellungen neuen Schub. Die Ikonographie zahlreicher Wahlplakate aus der Revolutionszeit und vieler Bilder vom »Dolchstoß« spiegelt dieses Denken.

Hitler knüpfte daran an, radikalisierte diese Ideen jedoch. Die Niederlage im Ersten Weltkrieg, behauptete er in *Mein Kampf*, sei das Resultat einer Verschwörung. Fahrlässig habe Kaiser Wilhelm II. den »Führern des Marxismus die Hand zur Versöhnung gereicht, ohne zu ahnen, dass Schurken keine Ehre besäßen. Während sie die kaiserliche Hand noch in der ihren hielten, suche die andere schon nach dem Dolch.

Organisationen wie der Alldeutsche Verband machten seit der zweiten Hälfte des 19. Jahrhunderts Vorstellungen von einem autoritären Staat stark, der Minderheiten entrechtet, ausgrenzt und nach neuem »Lebensraum« strebt. Postkarte von 1914.

Mit dem Juden gebe es kein Paktieren, sondern nur das harte Entweder-Oder. Ich aber beschloss, Politiker zu werden«, heißt es in den entscheidenden Passagen.

Ein zentrales Ziel der NS-Ideologie war der unerbittliche Kampf gegen die Juden. Sie waren in Hitlers Augen für all das verantwortlich, was er und mit ihm viele andere als tiefe Schmach empfanden: die Niederlage im Weltkrieg und den Verlust des Großmachtstatus, die Revolution, den Bürgerkrieg und die Weimarer Verfassung. Hinter allem sah er den vermeintlichen Plan des Judentums, Deutschland im Interesse der »jüdischen Welteroberungstendenz« zu bolschewisieren und damit den mit der Revolution 1917 in Russland begonnenen Weg zur »jüdischen Weltherrschaft« fortzusetzen. Damit begründete er seinen unbedingten Willen, jenem »arischen Herrenvolk« zum Sieg zu verhelfen, das, bei »Pflege seiner besten rassischen Elemente«, als einziges Volk zu Recht berufen sei, »eines Tages zum Herrn der Erde« zu werden. Dazu brauche es aber, das sei auch eine der »Lehren« aus dem verlorenen Weltkrieg, neuen »Lebensraum«: Die nationalsozialistische Bewegung müsse, mahnte Hitler in eindringlichen Worten,

> ohne Rücksicht auf »Traditionen« und Vorurteile, den Mut finden, unser Volk und seine Kraft zu sammeln zum Vormarsch auf jener Straße, die aus der heutigen Beengtheit des Lebensraumes dieses Volk hinausführt zu neuem Grund und Boden und damit auch für immer von der Gefahr befreit, auf dieser Erde zu vergehen oder als Sklavenvolk die Dienste anderer besorgen zu müssen.

Diese kruden Gedanken finden sich nicht nur in den 1925/27 veröffentlichten beiden Bänden von *Mein Kampf*. Auch in seinen öffentlichen oder geheimen Reden sowie zahllosen Denkschriften hat Hitler aus seinen Absichten nie einen Hehl gemacht. So heißt es 1936 in der Einleitung zu seiner Denkschrift *Über die Aufgaben eines Vierjahresplans*, die Wirtschaft und Wehrmacht auf einen baldigen Krieg vorbereiten sollte:

Hitlers Buch *Mein Kampf* ist eine politisch-ideologische Programmschrift. Es gehört zur völkisch-nationalistischen Literatur. Anders als oft behauptet, wurde das Buch, das in fast jedem Haushalt des nationalsozialistischen Deutschlands zu finden war, durchaus gelesen.

> Politik ist die Führung und der Ablauf des geschichtlichen Lebenskampfes der Völker. Das Ziel dieser Kämpfe ist die Behauptung des Daseins. Auch die idealistischen Weltanschauungskämpfe besitzen ihre letzten Ursachen und erhalten ihre tiefsten Antriebe aus volklich [sic!] gegebenen Lebenszwecken und Zielen. [...] Kein Staat wird sich dieser geschichtlichen Auseinandersetzung entziehen oder auch nur fernhalten können. *Seit sich der Marxismus durch seinen Sieg in Russland eines der größten Reiche der Welt als Ausgangsbasis für seine weiteren Operationen geschaffen hat, ist diese Frage zu einer bedrohlichen geworden. Einer in sich selbst weltanschaulich zerrissenen Welt tritt ein geschlossener autoritärer weltanschaulich fundierter Angriffswille gegenüber.* [...] Deutschland [besitzt] die Pflicht, seine eigene Existenz dieser Katastrophe gegenüber mit allen Mitteln zu sichern und sich vor ihr zu schützen [...]. *Denn ein Sieg des Bolschewismus über Deutschland würde nicht zu einem Versailler Vertrag führen, sondern zu einer endgültigen Vernichtung, ja Ausrottung des deutschen Volkes.*

Und als Hitler Ende Mai 1939 vor führenden Militärs den baldigen Angriff auf Polen begründete, erklärte er:

> Der Lebensraum, der staatl[ichen] Größe angemessen, ist die Grundlage für jede Macht. Eine Zeit lang kann man Verzicht leisten, dann aber kommt die Lösung der Probleme, so oder so. Es bleibt die Wahl zwischen Aufstieg oder Abstieg. [...] Nationalpolitische Einigung der Deutschen ist erfolgt außer kleinen Ausnahmen. Weitere Erfolge können ohne Bluteinsatz nicht mehr errungen werden.

Wie aber stand die Wehrmacht zu dieser existenziellen Auseinandersetzung um »Aufstieg oder Abstieg«, »Lebensraum«, »Kampf der Rassen« und letztlich »Vernichtung«, Antiparlamentarismus und Diktatur statt Demokratie?

Affinität und Akzeptanz im deutschen Militär

Hitlers Ernennung zum Reichskanzler am 30. Januar 1933 durch den greisen Generalfeldmarschall und Reichspräsidenten Paul von Hindenburg hielten nur wenige Offiziere der Reichswehr für einen Fehler. Der Chef der Heeresleitung, General Kurt Freiherr von Hammerstein-Equord, gehörte dazu, verhielt sich aber passiv und schied bereits 1934 freiwillig aus. Die mittlere und ältere Generation der Reichswehr, die politisch, militärisch und gesellschaftlich im Kaiserreich sozialisiert worden war, empfand das Auftreten der NSDAP und ihrer braunen Kolonnen zwar als vulgär, stand dem Kanzlerwechsel aber weitgehend abwartend, neutral, in Teilen auch mit verhaltener Sympathie gegenüber. »Versklavung durch den Versailler Vertrag, Uneinigkeit der bürgerlichen Parteien, ständig wechselnde Regierungen, Wirtschaftskrisen, infolgedessen Zunahme des Kommunismus hatten uns mürbe gemacht für die Versprechungen des National-Socialismus«, bekannte rückblickend der spätere Generalfeldmarschall Maximilian Freiherr von Weichs, keineswegs ein ideologischer Scharfmacher. Überzeugte

Am 21. März 1933 wurde der erste Reichstag nach der Machtübernahme der Nationalsozialisten eröffnet. Der »Tag von Potsdam« gilt als symbolischer Schulterschluss der alten Eliten des Kaiserreichs mit den Nationalsozialisten.

Nationalsozialisten wie den späteren General Eduard Dietl gab es zwar nur wenige, aber je jünger die Offiziere waren, umso größer war die Zustimmung zum Nationalsozialismus.

Die zahlreichen Gemeinsamkeiten zwischen vielen Militärs und den Nationalsozialisten in der Innen-, Außen- und Militärpolitik sorgten dafür, dass Erstere der Republik keine Träne nachweinten. »Autoritärer Staat«, »Großmachtstatus« und »Wiederherstellung der besonderen Rolle des Militärs in Staat und Gesellschaft bei gleichzeitiger personeller und materieller Aufrüstung« lauteten die Stichworte. Mit dem neuen Regime verknüpft waren zudem Hoffnungen auf schnellere Karrieren nach der als lähmend empfundenen Zeit des 100 000-Mann-Heeres: Die Militärs versprachen sich Beförderungen, öffentliche Anerkennung und einen Modernisierungsschub bei der Ausrüstung – mit echten Panzern statt Holzmodellen, ferner U-Booten und Flugzeugen.

Hitler bediente diese Erwartungen: Bereits in seiner ersten Regierungserklärung am 30. Januar 1933 sprach er von seiner »Liebe zu unserem Heer als Träger unserer Waffen und Symbol unserer großen Vergangenheit«. Am »Tag von Potsdam«, am 21. März, verschmolzen, so zumindest der äußere Eindruck, das alte Preußen und die NS-Bewegung öffentlichkeitswirksam am Grabe Friedrichs des Großen zu einer symbiotischen Einheit. Wenige Wochen zuvor, am 3. Februar, hatte Hitler der Reichswehrführung bereits intern sein Programm erklärt: Er wolle der »Armee zur Seite« stehen sowie »mit der Armee und für die Armee« arbeiten. Aber auch seinen Willen zum Krieg – nach innen wie nach außen – hatte er offen erkennen lassen:

> Ich setzte mir die Frist von 6–8 Jahren um den Marxismus vollständig auszurotten, zu vernichten. Dann wird das Heer fähig sein, eine aktive Außenpolitik zu führen, und das Ziel der Ausweitung des Lebensraumes des deutschen Volkes wird auch mit bewaffneter Hand erreicht werden.

Hitlers ausdrückliches Bekenntnis zur Rolle der Reichswehr als alleiniger Waffenträger war deren Führung angesichts der als bedrohlich empfundenen Konkurrenz der SA damals wichtiger als die außenpolitische Ziele des neuen Reichskanzlers; als gefährlich oder gar verwerflich empfand die Führung der Reichswehr diese aber genauso wenig wie sein innenpolitisches Programm. Typisch für die Haltung vieler Offiziere ist der Briefwechsel von Oberstleutnant Gotthard Heinrici mit seinen Eltern in jenen Wochen. Heinrici hatte zwar an der Besprechung vom 3. Februar nicht teilgenommen, schätzte Hitlers Politik aber richtig ein. Vor allem aber stimmte er ihr zu. Voller Begeisterung schrieb er ungeachtet gelegentlicher Skepsis seinen Eltern über die »Zeitwende«: Er hoffe, »dass wir aus der marxistisch-jüdischen Schweinerei nun endlich herauskommen« und »Deutschland wieder zu einem nationalen Staat« werde. »Eins muss man lassen und kann es nicht genug betonen: Militärisch haben wir so ungeheuer viel von der neuen Regierung, sie unterstützt alle wehrpolitischen Belange in so hohem Maße, wie wir es nur wünschen können.« Weiter schrieb er: »Die kommenden Jahre werden sicher sehr aufregende und später schließlich kriegerische werden.«

Inwieweit die Offiziere der Reichswehr, die sich 1935 programmatisch in »Wehrmacht« umbenannte, die Ideologie des Regimes, so wie Hitler sie in *Mein Kampf* entwickelt und in seinen Reden nach 1933 auch vor Offizieren immer wieder verbreitet hatte, tatsächlich verstanden und gebilligt haben, ist fraglich. Unstrittig ist aber, dass viele Offiziere wesentliche Elemente dieser Ideologie – den Antibolschewismus, die Absage an Demokratie und Parlamentarismus, aber auch die Idee der »Volksgemeinschaft« – ebenso billigten wie zumindest in Teilen den Antisemitismus und das Streben nach Expansion bzw. mehr »Lebensraum«. Dass diese übereinstimmenden Interessen am Ende aus der Reichswehr eine »nationalsozialistische Wehrmacht« machen sollten, welche die »ewigen Werte unseres Volkstums von *Blut und Rasse*« verinnerlicht hatte, stand für NS-nahe Generale wie Walter von Reichenau, Chef des Ministeramts im Reichswehrministerium seit 1933, außer Frage.

Die Rolle der Wehrmacht im »Dritten Reich«

Welche Rolle wollte und sollte die Reichswehr jedoch im NS-Staat spielen? In einem starken Staat, der sich auf eine Partei anstatt der verabscheuten Vielfalt miteinander konkurrierender Parteien stützte, konnte es aus Sicht der Armeeführung nur *eine* weitere Säule geben: die Reichswehr. Diesbezüglich nahm sie Hitler beim Wort, und dieser entsprach

Nach Hindenburgs Tod am 2. August 1934 vereinigte Hitler die Ämter des Reichspräsidenten und des Reichskanzlers. Die Reichswehr, ab 1935 Wehrmacht, leistete künftig einen Eid auf seine Person.

ihren Erwartungen mit einer beispiellosen Mordaktion an seinen eigenen SA-Truppen im Juni 1934, die anschließend als »Staatsnotwehr« gerechtfertigt wurde. Dass dabei auch zwei ehemalige Generale, der letzte Reichskanzler vor Hitler, General Kurt von Schleicher, und der Chef des Ministeramts im Reichswehrministerium bis zur Machtübergabe an Hitler, Ferdinand von Bredow, von der SS ermordet wurden, nahmen sie schweigend zur Kenntnis. Reichswehrminister General Werner von Blomberg rechtfertigte diese Morde sogar mit dem Hinweis auf die angeblichen »landesverräterischen« Verbindungen der Generale.

Zum Dank für das Ausschalten der SA schworen alle Soldaten Hitler nur wenig später, nach dem Tode Hindenburgs, persönlich die Treue. Die Initiative dazu ging allein von der Reichswehrführung aus. Indem sie die Soldaten diesen Eid schwören ließ, brach sie symbolisch endgültig die Brücken zur Weimarer Republik ab, auf deren Verfassung – nicht deren Präsidenten – die Soldaten bisher vereidigt gewesen waren. Mit dem Eid auf Hitler als »Führer und Reichskanzler« knüpfte die Reichswehrführung zugleich ein besonderes Treueverhältnis zur Person des »Führers«, nicht aber zu seiner Partei. Darüber hinaus hob sie noch einmal öffentlich den »Pakt« hervor, den beide, Reichswehr und »Führer«, seit 1933 eingegangen waren.

Der Weg zur Mobilisierung von »Wehrkraft« und zur Aufrüstung war damit frei. Während die Wirtschaft die materiellen Grundlagen für eine starke Wehrmacht schuf, trug die Einführung der Wehrpflicht 1935 dazu bei, die personellen Grundlagen für ein modernes Millionenheer zu legen. Die Erfolge waren, ungeachtet aller Schwierigkeiten und Rückschläge, gewaltig.

Die Wehrmacht und der Weg in den Krieg

Seit Hitlers Besprechung mit der Führung der Reichswehr im Februar 1933 war klar, dass es über kurz oder lang wieder einen großen Krieg auf dem Kontinent geben würde. Dies ahnten auch viele, die zu jung für eine Teilnahme am Ersten Weltkrieg gewesen waren. Bereits die Reichswehr hatte sich dafür im Rahmen dessen, was politisch, technisch und finanziell möglich war, vorbereitet. Erinnert sei an die »Schwarze Reichswehr« und verschiedene Aufrüstungspläne in den späten 1920er Jahren, geheime Truppenversuche mit neuen Waffen auf Übungsplätzen in der Sowjetunion sowie die vielfältigen Aktivitäten der Marine bei der Beschaffung verbotener Waffen.

Mit Hitlers Machtübernahme gewann die Aufrüstung jedoch eine völlig neue Dynamik, da jede Rücksicht auf mögliche innenpolitische Gegner entfiel. Dem Ausland gegenüber schien zunächst noch Vorsicht geboten, gleichwohl war nun mehr möglich als zuvor. Zum Erstaunen vieler Generale und Diplomaten erwies sich Hitlers Taktik als erfolgreich. Geschickt vermischte er riskante außenpolitische Entscheidungen (den Austritt aus dem Völkerbund 1933, die einseitige Erklärung der Wehrhoheit 1935 und den Einmarsch ins Rheinland 1936) mit immer neuen Friedensbekundungen oder demonstrativen Abkommen wie dem Nichtangriffspakt mit Polen 1934 oder dem deutsch-britischen Flottenvertrag von 1935. Offenkundig waren die Westmächte bereit, dem Verlangen des Reiches nach einer Revision des Versailler Vertrags zu entsprechen – weil sie den Wunsch zumindest in Teilen als legitim ansahen oder weil sie aus innen- und außenpolitischen Gründen ihre Streitkräfte für einen Krieg ausreichend vorbereitet hatten.

Manche Politiker im Westen wie Winston S. Churchill, der wie eine Kassandra vor Hitler warnte, zu dieser Zeit aber wenig Einfluss besaß, mochten *ahnen*, dass Hitlers Politik auf einen Krieg auf dem Kontinent hinauslief. Die Führung der Wehrmacht aber *wusste* es.

Die Einführung der Wehrpflicht und die sich stetig beschleunigenden Programme zur Ausrüstung der verschiedenen Wehrmachtteile mit immer mehr neuen Waffen waren dafür nur zwei Beispiele. Weitaus deutlichere Belege waren die Verabschiedung des Vierjahresplans 1936 sowie Hitlers Besprechung mit dem Reichskriegsminister Werner von Blomberg, den Befehlshabern von Heer, Luftwaffe und Marine, aber auch mit Außenminister Konstantin Freiherr von Neurath im November 1937. Bereits der Vierjahresplan, der das Reich, koste es, was es wolle, wirtschaftlich autark machen sollte, stand unter der Devise, »die deutsche Armee [...] in vier Jahren einsatzfähig [...] die deutsche Wirtschaft [...] in vier Jahren kriegsfähig« zu machen. Ende 1937 sollte Hitler

1937 war in den Berliner Messehallen die Wanderausstellung »Gebt mir vier Jahre Zeit« zu sehen, in der die Errungenschaften und Erfolge Hitlers präsentiert wurden. Das Foto zeigt den Ausstellungsabschnitt zur Wehrmacht. Hauptziel der vom NS-Regime gelenkten Wirtschaftspolitik war die »Wehrhaftmachung«.

in einer weiteren Besprechung seinen Willen zum baldigen Krieg noch deutlicher machen. Anlass für diese Besprechung war die sich dramatisch verschlechternde Rohstoffsituation. Das hohe Tempo der Aufrüstung hatte sich verlangsamt, die Einsatzfähigkeit der Wehrmacht schien in weite Ferne gerückt. In einer teilweise dramatischen Rede schwor Hitler an diesem Tag die Spitzen des Regimes auf den Krieg ein, der spätestens 1943–1945 beginnen sollte: »Nach dieser Zeit sei nur noch eine Veränderung zu unseren Ungunsten zu erwarten«, notierte der damalige Oberst Friedrich Hoßbach. Und um alle zu beruhigen, hatte Hitler mit Verweis auf die Kriege Friedrichs des Großen und Otto von Bismarcks erklärt: »Zur Lösung der deutschen Frage könne es nur den Weg der Gewalt geben, dieser [werde] niemals risikolos sein.«

So skeptisch die Spitzen der Wehrmacht angesichts des unzureichenden Rüstungsstandes einem baldigen Krieg entgegensahen, so unterschiedlich sie und Außenminister von Neurath die Reaktionen der anderen Mächte in Europa einschätzten und sosehr sie über die Priori-

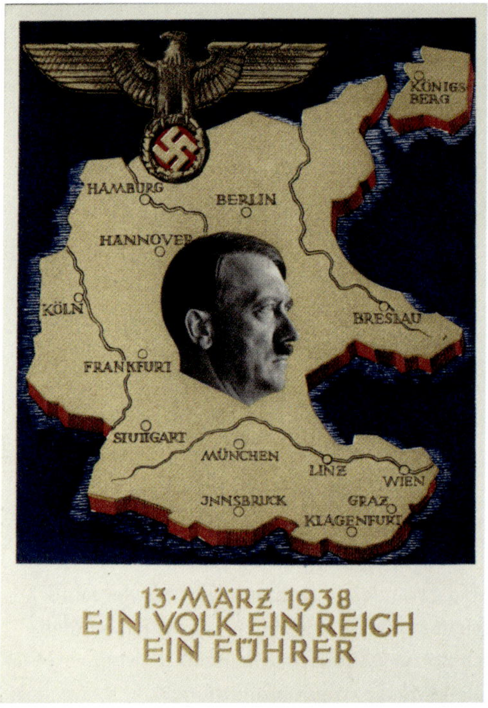

Propagandapostkarte zum »Anschluss« Österreichs. Die Losung, mit der die Nationalsozialisten seit 1933 für nationale Geschlossenheit warben, wurde auch nach 1938 genutzt, um die Einheit von Deutschen und Österreichern zu beschwören.

täten der Aufrüstung auch stritten – entschieden infrage stellten sie den Kriegskurs nicht. Nur der Zeitpunkt für den Kriegsbeginn erschien ihnen zu früh. 1946 sollten manche Teilnehmer an dieser Besprechung wegen Verschwörung zu einem Angriffskrieg zum Tode verurteilt und gehenkt werden, weil sie nicht widersprochen hatten.

Diese Besprechung war auch insofern ein Einschnitt im Verhältnis von Wehrmacht und NS-Regime, als Hitler wenig später, zu Beginn des Jahres 1938, nicht nur die intimen Vorwürfe gegen Blomberg und den Oberbefehlshaber des Heeres, Generaloberst Werner Freiherr von Fritsch, nutzte, um die Führung der Wehrmacht durch die Bildung eines ihm allein verantwortlichen Oberkommandos (OKW) selbst zu übernehmen. Er radikalisierte nun auch seine Außenpolitik: Nicht mehr allein die Revision des Versailler Vertrags war das Ziel, denn sie schien ja erreicht – vielmehr begann jetzt die Expansion des Reichs, so wie Hitler sie stets gefordert hatte. Auf den »Anschluss« Österreichs im März 1938 folgten nach einer krisenhaften Zuspitzung der internationalen Lage erst der »Anschluss« des Sudetenlands im Herbst 1938 und dann, ungeachtet aller Versprechungen und Verträge, die »Erledigung« der »Resttschechei« im März 1939. Und die Wehrmacht spielte mit.

Einige wenige Generale hatten zuvor empört auf den Novemberpogrom 1938 reagiert, bei dem nicht nur zahlreiche jüdische Synagogen und Geschäfte zerstört, sondern auch mehrere hundert Juden ermordet und Zehntausende in Konzentrationslager eingeliefert worden waren. Die meisten Generale hatten aber dennoch, wie der spätere Generaloberst Hermann Hoth rückblickend schrieb, nicht »das Bewusstsein, in einem verbrecherischen Staat zu leben«. Große Sorgen bereitete ihnen allerdings die riskante Außenpolitik Hitlers. Einem großen europäischen Krieg fühlten sie sich längst noch nicht gewachsen. Unmissverständlich hatte der Chef des Generalstabs, General Ludwig Beck, während der Tschechoslowakei-Krise im Sommer 1938 davor gewarnt, dass ein Krieg

> in seinen Auswirkungen zu einem Weltkrieg führen muss, der das Ende Deutschlands bedeuten würde. [...] Es stehen hier letzte Entscheidungen für den Bestand der Nation auf dem Spiel; die Geschichte wird diese Führer mit einer Blutschuld belasten, wenn sie nicht nach ihrem fachlichen und staatspolitischen Wissen und ihrem Ge-

wissen handeln. Ihr soldatischer Gehorsam hat dort eine Grenze, wo ihr Wissen, ihr Gewissen und ihre Verantwortung die Ausführung eines Befehls verbietet.

Becks Appell hatte in erster Linie militärfachliche Gründe, denn wie viele Generale hatte er keine grundsätzlichen Bedenken gegen einen Krieg, mit dem sich die frühere Großmachtstellung zurückerobern ließe. Angesichts des eigenen Rüstungsstandes und der Konstellation der Mächte erschien ihm der Zeitpunkt dafür jedoch zu früh. Gleichwohl schimmern hier auch jene Motive durch, die später die Triebfeder für den »Aufstand des Gewissens« mit dem missglückten Hitler-Attentat vom 20. Juli 1944 sein sollten. Nachdem Becks Versuche, die Generale zum Widerstand gegen Hitlers Politik zu bewegen, im Sommer 1938 gescheitert waren, plante eine kleine Gruppe von Generalen und Offizieren aus Sorge vor einem Krieg Ende September 1938 dann aber doch einen »Staatsstreich«. Die Details sind bis heute ungeklärt. Angesichts der Zugeständnisse der Westmächte in der »Sudetenkrise« sowie beim Münchener Abkommen schreckten sie davor zurück. Ob die Mehrheit der Generale damals im Falle eines Krieges tatsächlich den Befehl verweigert hätte, ist »höchst fraglich« (Johannes Hürter).

Auch wenn die Westmächte nach dem deutschen Einmarsch in Prag deutlich machten, dass sie dem potenziellen nächsten Opfer Polen bei-

General Ludwig Beck versuchte im Frühjahr 1938 die Generalität zu einem Vorgehen gegen Hitlers Kriegspläne zu bewegen. Er fand jedoch keine ausreichende Unterstützung und trat zurück. Erneute Putschpläne wurden im September 1938 nach Unterzeichnung des Münchner Abkommens hinfällig.

Die Rüstungsentwicklung bei der Wehrmacht (Teil 1)

Heer	1. Oktober 1939	1. Januar 1942
Pistolen 08 und 38	630 000	889 550
Gewehre K 98	2 569 300	4 717 500
Maschinenpistolen 38 und 40	5 711	205 450
Maschinengewehre	103 300	206 500
Panzerbüchsen 38, 39, 41	62	36 270
2-cm-Flugabwehrkanonen 30	895	2 690
3,7-cm-Flugabwehrkanonen	63	–
8,8-cm-Flugabwehrkanonen Selbstfahrlafetten	–	6
8,8-cm-Flugabwehrkanonen 18 und 36	–	108
3,7-cm-Panzerabwehrkanonen	10 560	13 348
4,7-cm-Panzerabwehrkanonen (tschechisch)	–	494
Panzerabwehrkanonen 38	–	1 921
schwere Granatwerfer 34	3 959	11 719
10-cm-Nebelwerfer und 15-cm 41	179	953
schweres Nebelwerfergerät	–	2 249
leichte Infanteriegeschütze 18	2 931	4 022
schwere Infanteriegeschütze 33	367	866
leichte Feldkanonen 18	20	104
leichte Feldhaubitzen 16 und 18	4 919	6 722
Leichtgeschütze 2	–	113
schwere Feldhaubitzen 18	2 434	2 746
schwere 10-cm-Kanone 18	400	732
15-cm-Kanone 18 und K 39(t)	25	90
schwerste Artillerie (21 – 42 cm)	47	548
Panzerkampfwagen I	1 305	817
Panzerkampfwagen 4,7-cm-Pak-Selbstfahrlafetten	–	221
Panzerkampfwagen II	991	996
Panzerkampfwagen III	151	1 866
Panzerkampfwagen IV	143	511
Sturmgeschütze	–	598
Panzerkampfwagen 35(t)	125	192
Panzerkampfwagen 38(t)	122	434
Panzerspähfahrzeuge und Befehlswagen etc.	1 076	1 076
Zugmaschinen und Schützenpanzerwagen	5 200	19 129

Quelle: Das Deutsche Reich und der Zweite Weltkrieg, Bd 5/1, S. 554.

Die Rüstungsentwicklung bei der Wehrmacht (Teil 2)

Luftwaffe	**1. Oktober 1939**	**1. Januar 1942**
Handfeuerwaffen: Pistolen 08 und 38, Gewehre K 98, Maschinenpistolen 38 und 40	728 349	1 646 000
leichte Flugabwehrkanonen	7 300	16 918
schwere Flugabwehrkanonen	2 528	5 172
Aufklärer	642	691
Jagdflugzeuge (einschl. Nachtjäger ab 1.6.1941)	868	1 853
Zerstörer	438	94
Kampfflugzeuge (Bomber)	1 230	1 752
Sturzkampfflugzeuge (Stuka)	354	490
Schlachtflugzeuge	39	–
Transportflugzeuge	706	991
Verbindungsflugzeuge	225	110
Flugzeuge der Verbände des Oberbefehlshabers der Kriegsmarine	254	277
Marine		
Schlachtschiffe	2	3
Panzerschiffe/schwere Kreuzer	3	2
Linienschiffe (alt)	2	2
schwere Kreuzer	2	2
leichte Kreuzer	5	4
Zerstörer	22	18
Torpedoboote	11	28
Schnellboote	18	60
U-Boote	56	247
Minensuchboote	32	54
Räumboote	39	118

Quelle: Das Deutsche Reich und der Zweite Weltkrieg, Bd 5/1, S. 555.

stehen würden, änderte dies nichts an der Loyalität der Wehrmacht gegenüber dem Diktator und dessen Regime. Hitlers 50. Geburtstag am 20. April 1939 bot vielmehr eine Gelegenheit, dem »Führer« ausdrücklich die Treue zu bekunden. Der damalige Generalmajor Erich von Manstein bezeichnete Hitlers »Machtergreifung« als den Weg »aus Machtlosigkeit zur Wehrhaftigkeit, aus Schmach und Ohnmacht zur Größe! Wir rufen uns ins Gedächtnis die Taten des Führers, die als Meilensteine an dem Wege in unser Großdeutsches Reich stehen: Rheinland, Deutsch-Österreich, Sudetenland, Böhmen-Mähren, Memelland!« Und dann fielen jene Sätze, die das spätere Verhalten Mansteins und vieler anderer Generale erklären. Für den Fall, dass die anderen Mächte versuchen sollten, dem von Hitler geführten Reich den Weg zur alten Großmachtstellung zu versperren, gelobte Manstein »unserm Führer: allen Gewalten zum Trotz sein Werk auch im Kampf zu bewahren, seinen Willen zu vollstrecken, wohin er uns auch führe!« Die Mittäterschaft der Wehrmacht und ihrer Führung bei Eroberung, Raub und Völkermord war damit gedanklich vorbereitet.

Als Hitler seine Pläne, Polen noch 1939 anzugreifen, wenig später erläuterte, widersprachen die Generale trotz mancher Bedenken nicht. Der deutsch-sowjetische Nichtangriffspakt vom 23. August 1939 schien sie vom Alptraum eines Zweifrontenkrieges zu befreien. »Die Polen-Frage *muss* ja einmal gelöst werden«, schrieb General Erich Hoepner am Tag des Angriffs an seine Frau. Dass dieser Feldzug wie auch viele der folgenden einen anderen Charakter haben würde als frühere Kriege, hätte Hoepner genauso erkennen können wie die anderen hohen Generale der Wehrmacht. Am Vorabend des Überfalls auf Polen hatte Hitler sie zu rücksichtslosem Vorgehen aufgefordert: »Herz verschließen gegen Mitleid. Brutales Vorgehen. 80 Mill[ionen] Menschen müssen ihr Recht bekommen. Ihre Existenz muss gesichert werden. Der Stärkere hat das Recht. Größte Härte.«

↗ Soldaten reißen den Schlagbaum an der deutsch-polnischen Grenze nieder. Das Foto ist – wie viele Propagandabilder – nachgestellt.

3 Der Zweite Weltkrieg im Überblick

Der Überfall auf Polen – Der »Fall Weiß«

Am 1. September 1939 überfiel die Wehrmacht Polen. Als Vorwand benutzte sie einen von der SS inszenierten Anschlag vermeintlich polnischer Staatsangehöriger auf den deutschen Rundfunksender Gleiwitz. Während die Luftwaffe und die Kriegsmarine polnische Städte und Stellungen aus der Luft wie von der See her angriffen, marschierte das Heer in Polen ein. Innerhalb weniger Wochen umfassten die deutschen Truppen die polnische Armee in einer riesigen Zangenbewegung. Am 17. September besetzte die Rote Armee jene Landesteile, die nach dem geheimen Zusatzabkommen des Hitler-Stalin-Pakts an die Sowjetunion fallen sollten. Nach der Niederlage in der Schlacht von Lublin am 23. September kapitulierten die letzten polnischen Truppen am 6. Oktober.

Ermöglicht hatte den deutschen Sieg die große Überlegenheit an Soldaten, Panzern und Flugzeugen. Den rasant vorstoßenden Panzerverbänden mit ihrer »fliegenden Artillerie« hatten die polnischen Streitkräfte kaum etwas entgegenzusetzen. Und auch auf die Unterstützung Frankreichs und Großbritanniens hofften sie vergeblich. Die Westmächte hatten dem Deutschen Reich zwar am 3. September 1939 den Krieg erklärt, waren aber nicht offensiv gegen das Reich vorgegangen. Paris verfolgte nach den Erfahrungen des Ersten Weltkrieges eine defensive Strategie, das kleine britische Expeditionskorps war erst im Oktober 1939 einsatzbereit.

»Weserübung« – Die Besetzung Dänemarks und Norwegens 1940

Bevor die Wehrmacht die westlichen Nachbarn angriff, eröffnete sie im Norden eine weitere Front: Am 9. April 1940 landeten deutsche Truppen in Dänemark und Norwegen, angeblich, um einer britischen Besetzung Norwegens zuvorzukommen. Zwar hatte die Royal Navy tatsächlich Anfang April begonnen, Minen vor der norwegischen Küste zu legen, um eine deutsche Besetzung zu verhindern; ausschlaggebend für die deutsche Invasion war dieses Unternehmen aber nicht. Seit dem Herbst 1939 hatte die Wehrmacht vielmehr Pläne für eine Besetzung beider Staaten vorbereitet.

Politisch-ideologisch galt Nordeuropa als wichtiger Teil des geplanten »Großgermanischen Reiches«. Vidkun Quisling, Führer der norwegischen Nationalen Sammlung, die ähnliche Ziele wie die NSDAP verfolgte, drängte Hitler zu einer Invasion. Die eigentlich treibende Kraft war aber die Kriegsmarine. Aus strategischen Gründen forderte sie freien Zugang zum Atlantik, um ihre Ausgangsposition in einem Krieg mit Großbritannien zu verbessern. So sollte zugleich die Eisenerzzufuhr aus dem schwedischen Kiruna gesichert werden, die über den eisfreien nordnorwegischen Hafen Narvik abgewickelt wurde. Ohne die Versorgung der deutschen Rüstungsindustrie mit Eisenerz konnte die Wehrmacht keinen langen Krieg durchhalten.

Die Hoffnung, dass die deutschen Verbände, die am 5. April 1940 über See in Marsch gesetzt wurden, auf keinen Widerstand stoßen würden, erfüllte sich nicht. Während die dänische Regierung angesichts drohender Luftangriffe keinen Widerstand leistete, wehrten sich die norwegische Armee, Regierung und Bevölkerung durchaus. Bereits bei der Landung in Norwegen erlitten die Invasoren, allen voran die Kriegsmarine, große Verluste. Letztere vergrößerten sich in den folgenden Wochen, als die kleine norwegische Armee, aber auch zur Hilfe geeilte britische, französische und exil-polnische Verbände die Wehrmacht in blutige Kämpfe an strategisch wichtigen Orten wie Narvik verwickelten. Am Ende der Kämpfe hatte die Kriegsmarine ein Drittel ihrer Überwassereinheiten verloren. Auch die Gebirgsjäger in Narvik erlitten Rückschläge. Doch als das britisch-französische Expeditionskorps angesichts des deutschen Vormarsches in Westeuropa abzog, gaben sich die Norweger geschlagen.

»Fall Gelb« und »Fall Rot« – Der Krieg im Westen

Die Invasion Dänemarks und Norwegens war nur das Vorspiel für den deutschen Angriff im Westen. Am liebsten hätte Hitler die Westmächte noch im Herbst 1939 angegriffen. Auf diesen Fall war seine militärische Führung jedoch nicht vorbereitet. Das Ergebnis der nun anlaufen-

Deutsche Soldaten am Arc de Triomphe nach der Einnahme von Paris am 14. Juni 1940

den Planungen war keine Wiederholung des 1914 gescheiterten »Schlieffen-Plans«. Stattdessen wollte die Wehrmacht einerseits durch Holland vorstoßen, um die Alliierten zu einer Verlegung ihrer Verbände nach Norden zu veranlassen. Zum anderen sollten motorisierte Infanterieeinheiten und Panzer durch die waldreichen Ardennen bis zur Kanalküste vordringen und so mit einem überraschenden Schlag die alliierten Truppen im Norden einkesseln. Diese Operation ist als »Sichelschnitt« bekannt geworden. Manstein und Hitler rühmten sich später, die »Väter« dieses riskanten Plans gewesen zu sein.

Am 10. Mai begann der Krieg im Westen mit dem Überfall auf die neutralen Niederlande und das neutrale Belgien. Erneut brachen die Deutschen damit das Völkerrecht, um die eigene strategische Position gegen die Westmächte zu verbessern. Nach überraschenden Angriffen der Luftwaffe auf niederländische und belgische Flughäfen, der Einnahme operativ wichtiger Brücken über die Maas, der Eroberung von Festungen wie Eben Emael durch Fallschirmjäger sowie Panzervorstößen gegen die Verteidigungslinien kapitulierten die Niederlande bereits am 15. und Belgien am 28. Mai, nachdem die deutschen Truppen den Ärmelkanal erreicht hatten. Die Vernichtung der britischen und französischen Truppen, die sich in den Raum Dünkirchen zurückgezogen hatten, blieb allerdings aus. Hitlers *Haltebefehl* ermöglichte 335 000 britischen und französischen Soldaten die Flucht über den Ärmelkanal. Ihr gesamtes Material ließen sie jedoch zurück.

Währenddessen ging der Krieg in Frankreich weiter. Nach dem Vorstoß durch die Ardennen, mit dem der französische Festungsgürtel umgangen wurde, rückten deutsche Truppen in Richtung Paris, Atlantikküste und das Rhônetal vor (»Fall Rot«). Am 22. Juni kapitulierte Frankreich. Zum Zeichen der Revanche ließ Hitler die Kapitulationszeremonie in demselben Eisenbahnwagen in Compiègne stattfinden, in dem das Deutsche Reich 1918 vor den Alliierten das Waffenstillstandsabkommen hatte unterzeichnen müssen.

Die Ursachen für den schnellen Sieg waren vielfältig: Überraschung, das Zusammenwirken von Luftwaffe und Panzern sowie eine bessere taktische und operative Führung waren die wichtigsten Gründe für einen Sieg, der schnell als »Blitzkrieg« mythisiert wurde. Als solchen hatte man ihn zwar nie geplant. Dieser Mythos entfaltete jedoch eine Eigendynamik, die sich schnell als fatal erweisen sollte, denn er suggerierte,

Löscharbeiten in der High Street von Coventry am 15. November 1940. Nahezu vollständig zerstörte die deutsche Luftwaffe die britische Stadt. Das abgeleitete Verb »coventrieren« fand Eingang in den Wortschatz deutscher Militärs.

die Wehrmacht könne auch stärkere Gegner trotz Unterlegenheit durch überlegene operative Führung und den Willen zum Erfolg schlagen. Diese Überzeugung ließ die Wehrmacht nun einen »Blitzkrieg« planen, der schließlich in der Katastrophe von 1945 enden sollte: dem Krieg gegen die Sowjetunion.

Hitlers Hoffnung, dass auch Großbritannien sich geschlagen geben würde, erfüllte sich nicht. Obwohl in der britischen Regierung manche für einen Ausgleich mit Hitler plädierten, gelang es Churchill, die britische Bevölkerung mit einem dramatischen Appell zum gemeinsamen Widerstand aufzurufen: *We shall never surrender* (›Wir werden uns niemals ergeben‹) lautete die Devise, so groß die Verluste auch gewesen waren und so schwierig die Situation durch die stetig wachsende Zahl von Fronten war.

Da Großbritannien zu einem Frieden zu Hitlers Bedingungen nicht bereit war, versuchte er, mithilfe der Luftwaffe einer Invasion den Weg zu ebnen. Die Royal Air Force zeigte sich in den monatelangen Kämpfen jedoch der Luftwaffe überlegen; das NS-Regime erlitt damit seine erste empfindliche Niederlage. Strategisch sollte diese langfristig zum Sieg über Deutschland beitragen.

Der Krieg in Nordafrika und auf dem Balkan

Um am deutschen Sieg teilzuhaben, hatte Hitlers Verbündeter im Süden, Benito Mussolini, Anfang Juni die Neutralität Italiens aufgegeben und war in den Krieg gegen die Alliierten eingetreten. Aus deutscher Sicht war die militärische Unterstützung durch Italien unnötig, innerhalb weniger Monate sollte sie sich sogar als enorme Bürde erweisen. Denn durch die italienischen Angriffe auf britische Interessensphären auf dem Balkan und in Nordafrika dehnte sich der Krieg in neue Regionen aus. Nach italienischen Misserfolgen im Herbst 1940 beim Versuch, die Briten aus Ägypten zu verdrängen, kämpfte seit Februar 1941 ein »Deutsches Afrikakorps« unter Generalleutnant Erwin Rommel in Libyen. Dabei errang es manchen taktischen Erfolg; ein strategischer Sieg gelang ihm jedoch nicht.

Auch auf dem Balkan zog Italien das »Dritte Reich« mit in den Krieg. Der italienische Angriff auf Griechenland im Herbst 1940 aus dem von Italien annektierten Albanien entwickelte sich schnell zum Desaster. In den Krieg in Albanien, in das griechische Truppen nach dem Angriff Italiens auf Griechenland vorgedrungen waren, wollte Hitler zwar nicht eingreifen; er hielt es nun aber für notwendig, einen eigenen Vorstoß gegen Griechenland zu planen. Den Ausschlag gab die britische Unterstützung Griechenlands Ende 1940, die den deutschen Aufmarsch gegen die Sowjetunion auf dem Balkan, insbesondere aber die rumänischen Ölfelder von Ploeşti gefährdete. Deswegen hatte Hitler versucht, Rumänien, Ungarn, Bulgarien und Jugoslawien auf die deutsche Seite zu ziehen.

Überraschend für Hitler stürzten jugoslawische Offiziere die deutschfreundliche Regierung in Belgrad am 27. März 1941. Die Planungen der Wehrmacht brachte das durcheinander. Nur ein Krieg gegen Jugoslawien *und* Griechenland konnte die deutsche Flanke retten. Am 6. April überfiel die Wehrmacht daher Jugoslawien; zeitgleich und

Aquarell von Adelhelm Dietzel, *Abgeschossen – El-Alamein*. Ab Februar 1941 kämpfte ein »Deutsches Afrikakorps« unter Generalleutnant Erwin Rommel in Nordafrika. Nach anfänglichen Erfolgen wurde die militärische Situation für die Wehrmacht aussichtslos.

ebenfalls ohne Kriegserklärung griffen deutsche Truppen von Bulgarien aus Griechenland an. Die Armeen Jugoslawiens und Griechenlands mussten sich innerhalb weniger Wochen geschlagen geben. Auch die britischen Truppen, die sich zuletzt nach Kreta zurückgezogen hatten, gaben nach der Landung deutscher Fallschirmjäger auf der Insel auf und setzten sich nach Nordafrika ab. Der Weg für Hitlers wichtigsten Krieg, den gegen die Sowjetunion, war damit frei.

Der Überfall auf die Sowjetunion

Am 22. Juni 1941 überfiel das Deutsche Reich die Sowjetunion. Nach ersten Planungen im Sommer 1940 erging am 18. Dezember 1940 die »Führer-Weisung Nr. 21 Fall Barbarossa«, so der programmatische Deckname für den für das Frühjahr 1941 ins Auge gefassten Feldzug in Anlehnung an den Kreuzzug von Friedrich I. »Barbarossa« im 12. Jahrhun-

Ein brennender sowjetischer Panzer, davor ein deutscher Infanterist und die Leiche eines Rotarmisten. Das Deutsche Reich überfiel am 22. Juni 1941 die Sowjetunion. PK-Aufnahme, Juni 1941.

dert. 153 deutsche Divisionen, insgesamt drei Millionen Mann, griffen mit 3600 Panzern und 2700 Flugzeugen 237 sowjetische Divisionen mit rund sechs Millionen Mann an. Später beteiligten sich noch Finnland, Rumänien, Italien, die Slowakei und Ungarn mit zusammen etwa 600 000 Soldaten am Angriffskrieg.

Trotz zahlreicher Erfolge scheiterte der als »Blitzkrieg« geplante Feldzug vor Moskau im Dezember 1941. Der deutsche Nachschub war im Morast der früh einsetzenden Schlammperiode steckengeblieben. Angriffe frischer sibirischer Divisionen zwangen die Wehrmacht, die Front auf einer Breite von etwa 1000 Kilometern um bis zu 250 Kilometer zurückzuziehen. Hitler wiederum nahm den zeitgleichen Angriff Japans auf amerikanische und britische Gebiete im Fernen Osten zum Anlass, um den USA den Krieg zu erklären. Damit erhöhte sich nicht nur die Zahl der Gegner. Wie bereits im Ersten Weltkrieg unterschätzte die deutsche Führung auch die Bedeutung der USA für die alliierte Kriegführung im Westen wie im Osten – schon allein durch die Lieferung von Material, aber auch den Einsatz von Soldaten.

Der Krieg im Osten hatte bis Ende 1941 bereits unvorstellbare Opfer gefordert: Fast eine Million Soldaten der Wehrmacht und ihrer Verbündeten waren gefallen oder schwer verwundet worden. Hinzukam der Verlust von 2700 Panzern, 60 000 Kraftfahrzeugen und Lkws, 40 000 Motorrädern sowie 2500 Flugzeugen. Dennoch traten deutsche Truppen im Sommer 1942 zu einer neuen Offensive an, um die Ölquellen am Rande des Kaukasus zu erobern. Nach ersten Erfolgen scheiterte auch dieser Vorstoß. Der zeitgleiche Angriff der 6. Armee auf Stalingrad endete sogar in einer Katastrophe.

Rückzüge und Niederlagen

Auch an anderen Fronten begann die Zeit der Niederlagen und Rückzüge. So spektakulär manche Operationen Rommels auch waren, Ende 1942, nach der Schlacht bei El Alamein, musste sich das Afrikakorps zurückziehen. Als die Alliierten zur selben Zeit auch in dessen Rücken in Marokko und Algerien landeten (»Operation Torch«), war das Schicksal von Rommels Armee besiegelt. Am 13. Mai 1943 gingen 252 000 deutsche und italienische Soldaten bei Tunis in Gefangenschaft.

Der Zweite Weltkrieg in Europa von 1939 bis 1942

- Achsenmächte (mit Danzig) bei Kriegsbeginn 1939
- Verbündete der Achsenmächte 1941

Vordringen der Achsenmächte und ihrer Verbündeten

- 1.9. bis 6.10.1939
- bis Ende Juni 1940
- bis Ende Dezember 1941
- bis Mitte November 1942
- ◆ Verbrechen der Wehrmacht/ unter Beteiligung der Wehrmacht (Auswahl)

- POLEN Alliierte bei Kriegsbeginn
- Gebiet der westlichen Alliierten November 1940
- von westlichen Alliierten besetztes Gebiet Nov. 1942
- Sowjetunion bei Beginn des deutschen Angriffs 22.6.1941
- Vichy-Regierung, mit Kolonialgebieten
- neutrale Staaten
- –·– Staatsgrenzen bei Kriegsbeginn 1.9.1939
- ----- Grenzen Protektorate und Mandate

Der Zweite Weltkrieg in Europa von 1942 bis 1945

- ·–·– Staatsgrenzen November 1942 (M.= Montenegro, S.-AR.= Saudi-Arabien)
- ········ Grenzveränderungen seit 1939
- Alliierte und von ihnen besetzte Gebiete Ende 1942

Vordringen der Alliierten

- bis Anfang Oktober 1943
- bis Mitte Dezember 1944
- bis zum Kriegsende Mai 1945
- bis Anfang 1945 neutrale Staaten
- bis zum Kriegsende neutrale Staaten
- 26.2.45 Daten der Kriegserklärung an das Deutsche Reich
- bei Kriegsende von deutschen Truppen im Reichsgebiet und außerhalb des Reichsgebiets gehaltene Gebiete
- weitestes Vordringen der Achsenmächte November 1942
- ◆ Verbrechen der Wehrmacht/ unter Beteiligung der Wehrmacht (Auswahl)

Quelle: Putzger - Atlas und Chronik, S. 235; Das Deutsche Reich und der Zweite Weltkrieg, Bd. 6 – 10.

Die Niederlage in Nordafrika ermöglichte den Alliierten den Sprung übers Mittelmeer zunächst nach Sizilien (Juli 1943, »Operation Husky«), dann aufs italienische Festland. Der Sturz Mussolinis (Ende Juli), der anschließende Waffenstillstand (3. September 1943) und der Eintritt Italiens in den Krieg aufseiten der Alliierten (13. Oktober 1943) änderten die Lage vollständig. Die Wehrmacht hielt den Vormarsch der Alliierten nach Norden zwar auf; im Mai 1944 durchbrachen die Alliierten jedoch bei Monte Cassino die deutsche Front. Am 4. Juni befreiten US-Truppen Rom.

Zwei Tage später, am 6. Juni 1944, landeten die Alliierten in der Normandie (»Operation Overlord«). Trotz heftiger Gegenwehr mussten sich die deutschen Truppen vor den Alliierten nach Osten zurückziehen. Bereits am 25. August befreiten die Alliierten Paris, das die Wehrmacht entgegen Hitlers Befehlen kampflos geräumt hatte. Auch aus dem Süden Frankreichs, wo die Alliierten am 15. August gelandet waren (»Operation Dragoon«), zog sich die Wehrmacht zurück. Trotz mancher Rückschläge beim Vormarsch nach Westen, etwa bei Arnheim (»Ope-

Schiffe und Boote vor Omaha Beach nach der D-Day-Invasion, Normandie, Frankreich. Durch die Eröffnung einer Westfront sollte ein schneller militärischer Zusammenbruch des Deutschen Reichs erzielt werden. Bild vom 9. Juni 1944.

ration Market Garden«) oder zu Beginn der Ardennen-Offensive, standen die Alliierten Ende 1944 an den westlichen Reichsgrenzen.

An der Ostfront befand sich die Wehrmacht seit der Niederlage bei Stalingrad fast ausnahmslos auf dem Rückzug. Das »Unternehmen Zitadelle« gegen den sowjetischen Frontvorsprung bei Kursk im Sommer 1943 erfüllte die damit verknüpften großen Hoffnungen auf eine Wende im Osten nicht. Die Rote Armee eroberte vielmehr in pausenlosen Angriffen den verlorenen sowjetischen Boden zurück. Im April 1944 war die Wehrmacht bereits auf eine Linie zurückgedrängt, die von Odessa am Schwarzen Meer entlang der rumänischen Ostgrenze und mitten durch Weißrussland hindurch bis nach Leningrad an der Ostsee reichte.

Die sowjetische Sommeroffensive 1944 brach dem deutschen Ostheer endgültig das Genick. Auf einer Breite von 1000 Kilometern drang die Rote Armee seit dem 22. Juni – dem dritten Jahrestag des deutschen Überfalls – beinahe 600 Kilometer weit vor und zerschlug dabei die Heeresgruppe Mitte. Fast 28 deutsche Divisionen fielen oder wurden gefangen genommen.

Der Krieg zur See und in der Luft

Zu diesem Zeitpunkt war auch der Krieg zur See längst verloren. Die Voraussetzungen für einen Erfolg waren dort von vorneherein schlecht gewesen. Die Zahl der deutschen Überwasserschiffe war zu gering gewesen, um die Royal Navy erfolgreich herausfordern zu können. Eine »ozeanische Kriegführung« hatte die weltweiten britischen Verbindungslinien unterbrechen sollen. Panzerschiffe wie die »Graf Spee«, die Schlachtkreuzer »Scharnhorst« und »Gneisenau« oder später das Schlachtschiff »Bismarck« hatten dabei zwar manche Erfolge erzielt; letztlich waren sie aber den britischen Verbänden unterlegen oder hatten sich in heimische Gewässer zurückziehen müssen.

Am wichtigsten für die Seekriegführung waren seit den großen Verlusten vor Norwegen jedoch die U-Boote. Seit Mitte 1940 griffen sie gegnerische Handelsschiffe ohne Vorwarnung an. Obwohl ihre Zahl zwischen 1939 und 1945 von 57 auf 1098 stieg und sie im Laufe des Krieges 2610 Handels- sowie 178 Kriegsschiffe auf hoher See oder vor der

US-Ostküste versenkten, verloren die U-Boote den Tonnagekrieg. Ungeachtet aller Verluste bauten die Alliierten mehr Handelsschiffe, als die deutschen U-Boote versenken konnten. Zudem hatten die Briten 1941 »Enigma«, die deutsche Funkverschlüsselung, geknackt. Dadurch konnten sie die deutschen U-Boot-»Rudel« aufspüren und ihre eigenen Konvois rechtzeitig umleiten. Im Mai 1943 brach die Kriegsmarine die »Schlacht im Atlantik« wegen zu hoher Verluste ab. 29 000 U-Bootfahrer und 30 000 alliierte Handelsschiffer verloren in diesen Kämpfen auf See ihr Leben.

Auch in der Luft hatte die Wehrmacht 1943 den Krieg verloren. Dies galt ungeachtet vieler Luftsiege der »Ritter der Lüfte« sowohl für den taktischen auf den Schlachtfeldern als auch für den strategischen Krieg zwischen der Luftwaffe und ihren Gegnern. Im kollektiven Gedächtnis der Deutschen haftengeblieben sind bis heute die Bombenangriffe der Westalliierten, die vor allem Köln, Hamburg, Berlin und Dresden, aber auch viele kleinere Städte in Schutt und Asche legten. Etwa 450 000 deutsche Zivilisten wurden getötet. Vergessen wird dabei allerdings, dass die deutsche Luftwaffe selbst die ersten Bomben auf zivile, nicht militärische Ziele geworfen hatte: auf das polnische Wieluń. Diese Kleinstadt wurde noch vor der deutschen Kriegserklärung in mehreren Wellen angegriffen. 1200 Zivilisten kamen dabei um; die Stadt selbst wurde zu 90 Prozent zerstört. Um Polen zur Kapitulation zu zwingen, griff die Luftwaffe Ende September 1939 auch Warschau pausenlos an; Tausende Zivilisten wurden getötet. Im Westen warf die Luftwaffe im Mai 1940 dann Bomben auf Rotterdam, dessen historische Altstadt verbrannte; 814 Einwohner überlebten den Luftangriff nicht.

Die Strategie, Entscheidungen durch Angriffe aus der Luft zu erzwingen, erreichte ihren ersten Höhepunkt in der »Luftschlacht um England« 1940. Obwohl die Luftwaffe teilweise mit mehr als 2000 Flugzeugen pro Tag englische Küstenstädte, Flugplätze und Rüstungsbetriebe angriff, ging Großbritannien nicht in die Knie. Auch die Ausweitung der Luftangriffe auf London – das erstmals am 24. August bombardiert wurde – und andere Städte seit dem 7. September 1940 änderte daran nichts. Am gravierendsten war die Zerstörung Coventrys, das gleich zweimal angegriffen wurde: im November 1940 und im April 1941. Der Luftkrieg gegen England endete im Mai 1941, als die Luftwaffe alle Kräfte für den Krieg im Osten brauchte. 1944 nahm die Luftwaffe, nun mit neuen Waffen – der V1- und der V2-Rakete –, den Krieg gegen Großbritannien wieder auf. Dabei zerstörte sie erneut große Teile Londons, Tausende Menschen verloren ihr Leben oder wurden verletzt. Auch andere Städte wurden Ziel dieser Angriffe, die unterschiedslos Wohnviertel und militärische Einrichtungen trafen. Insgesamt fanden 40 000 Briten durch deutsche Luftangriffe den Tod.

Das Kriegsende

Je weiter die Rote Armee 1944 vordrang, umso mehr beeilten sich die Verbündeten der Deutschen, die Fronten zu wechseln: Bulgarien, Rumänien und zuletzt auch Ungarn traten an die Seite der Alliierten; Finnland hingegen schied ganz aus dem Krieg aus. Im Januar 1945 trat die Rote Armee zu einer neuen Offensive an. Schnell überrannte sie die Reichsgrenzen und stand bald an der Oder. Am 18. April begann dort

Sowjetische Soldaten und Panzer vor dem Brandenburger Tor in Berlin. Am 21. April 1945 hatte die Rote Armee den Stadtrand erreicht, vier Tage später schloss sie die Stadt ein. Am 30. April beging Hitler Selbstmord.

die letzte sowjetische Offensive, deren Ziel die Reichshauptstadt Berlin war. Die Wehrmacht konnte diese nur für wenige Tage aufhalten; am 25. April schloss sich bei Ketzin an der Havel der Ring um die Hauptstadt.

In der Zwischenzeit waren amerikanische, britische und französische Truppen ebenfalls von Westen her im Reich vorgedrungen. Am 2. April hatten sie bei Lippstadt die deutschen Verbände im »Ruhrkessel« eingeschlossen. Am 25. April reichten sich sowjetische und US-Soldaten bei Torgau an der Elbe zum ersten Mal die Hände. An diesem Tag riefen die Partisanen in Italien einen allgemeinen Aufstand aus. Amerikanische und brasilianische Truppen begannen zugleich eine neue Offensive in Norditalien. Angesichts dieser Übermacht gab die Wehrmacht in Italien bereits am 29. April auf. Wenige Tage später, jedoch erst nach Hitlers Selbstmord am 30. April, fand der Kampfkommandant der »Reichshauptstadt«, General der Artillerie Hellmuth Weidling, am 2. Mai 1945 den Mut zur Kapitulation.

Andernorts wurde allerdings noch eine weitere Woche gekämpft und gestorben. Während die Wehrmacht am 4. Mai bei Lüneburg eine Teilkapitulation für den Westen und Norden der besetzten Gebiete unterzeichnete, kämpfte sie im Osten erbittert weiter. Die »Festung Breslau« kapitulierte am 6. Mai nach schweren Häuserkämpfen vor der Roten Armee. Erst mit der Unterzeichnung der Kapitulationsurkunden in Reims am 7. und in Berlin-Karlshorst am 8. Mai 1945 hörten die Kämpfe auf. Europa war von einem jahrelangen Schreckensregime befreit.

↗ **Wehrmachtsoldaten stehen Spalier, während drei vermeintliche Partisanen zur Hinrichtung geführt werden. Auf dem Schild steht: »Wir sind Partisanen und haben auf deutsche Soldaten geschossen.« Insgesamt 12 Menschen ließ Generalmajor Gustav Freiherr von Bechtolsheim am 26. Oktober 1941 in Minsk hängen.**

4 Vernichtungskrieg im Osten

Am 8. März 1945, während Joseph Goebbels in der Görlitzer Stadthalle seine letzte öffentliche Rede hielt, setzten die Truppen der Anti-Hitler-Koalition im Westen über den Rhein und standen im Osten an der Oder und Neiße. Goebbels versprach seinen Zuhörern:

> Jene Divisionen, die jetzt schon zu kleinen Offensiven angetreten sind und in den nächsten Wochen und Monaten zu Großoffensiven antreten werden (starker Beifall), werden in diesen Kampf hineingehen wie in einen Gottesdienst. Und wenn sie ihre Gewehre schultern und ihre Panzerfahrzeuge besteigen, dann haben sie nur ihre erschlagenen Kinder und geschändeten Frauen vor Augen und ein Schrei der Rache wird aus ihren Kehlen emporsteigen, vor dem der Feind erblassen wird (starker Beifall).

Diese Durchhalteansprache aus den letzten Monaten eines längst verlorenen Krieges kündet auch vom Charakter dieses Krieges – allerdings in der Lesart der Deutschen, und bei Weitem nicht nur der nationalsozialistisch gesinnten: Tatsächlich waren in den Wochen zuvor deutsche Kinder erschlagen und Frauen geschändet worden, als der Krieg dorthin zurückkehrte, von wo aus er 1939 entfesselt worden war. Die Mehrheit der Deutschen hielt es für ihre Pflicht, die Heimat vor den anstürmenden Rotarmisten zu verteidigen. Selbst das Bild vom Gottesdienst hatte der Propagandaminister für sein Publikum treffend gewählt, galt der Gegner in der NS-Phraseologie doch als »Untermensch«, was wiederum das Überlegenheitsgefühl der meisten Deutschen gegenüber den Slawen bediente.

Entsprechend war der Krieg im Osten Europas von der Wehrmacht von Anfang an getreu dem Ziel geführt worden, das Hitler beständig wiederholt hatte, seit man ihm die Macht 1933 übergeben hatte: Es ging um »die Eroberung von Lebensraum im Osten und dessen rücksichtslose Germanisierung«. Bereits 1963 galt dieser Krieg dem deutschen Historiker Ernst Nolte als der »ungeheuerlichste Eroberungs-, Versklavungs- und Vernichtungskrieg, den die moderne Geschichte kennt«. Große Teile der deutschen Öffentlichkeit sollten aber noch mehr als drei Jahrzehnte brauchen, ehe sie diese Realität im Zuge der Diskussionen um die »Wehrmachtsausstellung« in der zweiten Hälfte der 1990er Jahre akzeptierten.

Dies erscheint umso erstaunlicher, als Hitlers Absichten erstens von Anfang an bekannt waren und zweitens die rücksichtslose Brutalität keine Folge des Krieges, sondern bereits Teil der Planungen gewesen war. Schon beim Überfall auf Polen bildete die »Dezimierung« der dort lebenden Bevölkerung ein klar definiertes Ziel, erst recht galt das beim Feldzug gegen die Sowjetunion. Im Grunde trug das von Beginn an verbrecherisch agierende NS-Regime mit dem Krieg seine Ideologie mittels militärischer Gewalt über die eigenen Grenzen hinaus. Es beruhte seit seiner Einsetzung auf der Entrechtung all derer, die von ihm als »Feinde« angesehen wurden: Sozialisten, Sozialdemokraten, Kommunisten, Juden, Sinti und Roma sowie Homosexuelle oder andere, den kruden Normen der NS-Staatsideologie nicht genehme Menschen. Der rassistische, verbrecherische Umgang des NS-Regimes mit all jenen, die als Angehörige »minderwertiger Rassen« eingestuft worden waren, zeigte sich nicht erst mit dem Überfall auf die Sowjetunion. Aber mit ihm begann eine an Skrupellosigkeit kaum zu übertreffende deutsche Kriegführung und Besatzungsherrschaft.

Bereits beim Überfall auf den polnischen Nachbarn folgten den angreifenden Wehrmachtverbänden fünf Einsatzgruppen aus Sicherheitspolizei (Sipo) und SD, um die NS-Rassenideologie im Völkermord umzusetzen. Sie waren von Heinrich Himmler eigens aus Angehörigen der zur Sipo zusammengefassten Geheimen Staats-(Gestapo) und Kriminalpolizei (Kripo), des SD, der Ordnungspolizei sowie der Waffen-SS gebildet worden. Jeder der angreifenden deutschen Armeen hatte man eine Einsatzgruppe angegliedert und sie insgesamt dem Oberkommando des Heeres (OKH) unterstellt. Sie bestanden aus 16 Einsatzgruppenkommandos mit insgesamt rund 3000 Mann; im Anschluss an den Überfall wurden zwei weitere Einsatzgruppen aufgestellt.

Für sie erließ das OKH am 5. Juli 1939 im Einvernehmen mit der SS Richtlinien zur »Bekämpfung aller reichs- und deutschfeindlichen Elemente im Feindesland rückwärts der fechtenden Truppe«. Parallel zum Eroberungsauftrag gab Hitler den Wehrmachtgeneralen am 22. August 1939 bekannt, er habe »einstweilen nur im Osten« aufgestellten SS-To-

Am 3. September 1939 eroberte die Wehrmacht Tschenstochau (pl. Częstochowa). Am nächsten Tag erschossen Soldaten über 1000 Einwohner, davon 150 Juden. 1945 hat der US-Soldat Lorenzo Hawkins (Company B, 56th Armored Engineer Battalion) das Album mit dem Foto entdeckt. Es enthält noch weitere Bilder des »Blutigen Montags«.

tenkopfverbänden den Befehl gegeben, »unbarmherzig und mitleidslos Mann, Weib und Kind polnischer Abstammung und Sprache in den Tod zu schicken«. Bis zum Ende der Militärverwaltung Polens ermordeten Einsatzgruppen, andere Polizeiverbände und Wehrmachtangehörige bei über 700 Exekutionen zwischen 16 000 und 20 000 Polen. Anschließend töteten sie weitere 40 000 bis 60 000 allein bis zum Frühjahr 1940. Widerspruch von Wehrmachtoffizieren gegen die Massaker gab es kaum. Im Gegenteil: Soldaten der Wehrmacht führten etwa 60 Prozent der Morde an Zivilisten während des Polenfeldzuges aus und liquidierten mindestens 3000 polnische Soldaten außerhalb von Gefechtshandlungen. Sie beteiligten sich an Plünderungen und Vergewaltigungen, misshandelten und ermordeten Juden.

Angesichts solcher Ausmaße sorgten sich manche Vorgesetzte um die Disziplin der Truppen und stellten sogar einige der Täter vor Kriegsgerichte. Ein zwischen dem Chef des OKW, Wilhelm Keitel, und dem späteren Präsidenten des berüchtigten Volksgerichtshofs, Roland Freisler, als Vertreter des Reichsjustizministeriums ausgehandelter sowie am 4. Oktober 1939 von Hitler angeordneter Gnadenerlass erwirkte dann jedoch die Einstellung der Verfahren und die Aufhebung bereits ausgesprochener Urteile. Gerechtfertigt wurde dieser geheime Erlass mit den von Polen an Angehörigen der deutschen Minderheit in der Zwischenkriegszeit begangenen Morden. Dabei hatte man die nachweisliche Zahl von 5437 Ermordeten bewusst verzehnfacht. Die Furcht vor einem Verfall der Disziplin bewog den Oberbefehlshaber des Heeres, Walther von Brauchitsch, zu einer Auslegungsrichtlinie, der zufolge nur Delikte aus Eigennutz (Betrug, Diebstahl, Plünderung, Raub) oder Eigensucht (Vergewaltigung) von der Amnestie ausgenommen bleiben sollten.

Zwar zeichnete sich während des Krieges in Polen noch nicht die gelenkte Zusammenarbeit zwischen den Tätergruppen ab, die es beim Vernichtungsfeldzug in der Sowjetunion geben sollte. Vielfach waren die Soldaten sicherlich auch zu unerfahren und mögen einer »Freischärler-Psychose« anheimgefallen sein. Dennoch war zweierlei schon damals bezeichnend. Erstens waren die Verbrechen vor dem Krieg eindeutig vorbereitet worden: Die Einsatzgruppen verfügten bei ihren Mordzügen über das ab Mai 1939 in Zusammenarbeit zwischen dem SD und Angehörigen der deutschen Minderheit in Polen erstellte *Sonderfahndungsbuch Polen*. Es umfasste etwa 61 000 Namen von Ärzten, Lehrern,

Wilhelm Keitel (1882–1946), Chef des Oberkommandos der Wehrmacht, war verantwortlich für die völkerrechtswidrigen Befehle für die Kriegführung im Osten.

Walther von Brauchitsch (1881–1948) konnte sich nicht zum Widerstand entschließen, obwohl ihm Hitlers militärische Entscheidungen widerstrebten. Seine Abschiedsgesuche wurden abgelehnt. Hitler machte ihn schließlich für das Scheitern des Feldzugs in der Sowjetunion verantwortlich. Am 19. Dezember 1941 wurde er offiziell entlassen.

Juristen, Militärs, Professoren, katholischen Geistlichen sowie Vertretern von Parteien und Gewerkschaften, die es nach dem deutschen Einmarsch zu verhaften und ermorden galt. Zusammen mit den Juden sollte die geistige, gesellschaftliche und politische Elite des Nachbarlandes vernichtet werden. Zweitens erwiesen sich bereits die Verbrechen in Polen als »Ausdruck einer tiefen Verachtung für die slawische Bevölkerung und Gleichgültigkeit gegenüber dem Leiden, das man verursachte«. Insofern bildete der Überfall auf Polen den »Auftakt zum Vernichtungskrieg« (Jochen Böhler). Die Wehrmacht sorgte dabei nicht nur für Unterkünfte, Versorgung und Kraftfahrzeuge der Einsatzgruppen, sie beteiligte sich von Anfang an auch aktiv an der Vernichtung.

Die Verrechtlichung des Unrechts – Die »Verbrecherischen Befehle«

Mit dem »Unternehmen Barbarossa«, also dem Überfall auf die Sowjetunion, betraten das nationalsozialistische Deutsche Reich und seine Wehrmacht eine bisher ungekannte Dimension verbrecherischer Kriegführung. Wie schon im Falle Polens handelte es sich dabei durch den Bruch des deutsch-sowjetischen Nichtangriffspaktes vom August 1939 um einen völkerrechtswidrigen Akt. Was dann geschah, war lange vorbereitet worden. Mit dem »Führer«-Befehl an das OKW vom 3. März 1941 zur Neufassung der sogenannten *Richtlinien auf Sondergebieten zur Weisung Nr. 21* vom 18. Dezember 1940 begannen bereits die engeren Planungen des Vernichtungskrieges gegen die Sowjetunion. Am 30. März 1941 präzisierte Hitler seine Absichten auf einer Versammlung von 250 Generalen und höheren Offizieren. Daraus entwickelte das OKW 1941/42 mehrere Befehle, die in ihrer Eindeutigkeit nur als »Verbrecherische Befehle« bezeichnet werden können: Die sogenannten

»Ich – oder du!« Die Propagandakompanien hatten den Auftrag, das Kriegsgeschehen bildlich festzuhalten. Besonders beliebt war die Militärzeitschrift *Die Wehrmacht*. Das gestellte Bild suggeriert Lebensgefahr, unter der der deutsche Soldat gegen den als minderwertig definierten sowjetischen »Untermenschen« kämpft.

Kommissar- (6. Juni 1941), *Sühne-* (16. September 1941) und *Kommandobefehle* (18. Oktober 1942), der *Kriegsgerichtsbarkeits-* (14. Mai 1941) sowie der *Nacht- und Nebel-Erlass* (7. Dezember 1941) waren allesamt Aufforderungen zu Verbrechen (auch nach damaligem Recht) bis hin zum Mord.

Mit dem sogenannten *Erlass über die Ausübung der Kriegsgerichtsbarkeit im Gebiet »Barbarossa«* vom 13. Mai 1941 begann die scheinbare »Verrechtlichung« des Unrechts: Insbesondere gestattete er es der Truppe, Straftaten gegnerischer Zivilisten »bis auf weiteres« anstelle von Kriegs- oder Standgerichten selbst zu ahnden. Partisanen waren »im Kampf oder auf der Flucht zu erledigen«, partisanenverdächtige Ortschaften durch kollektive Gewaltmaßnahmen zu bestrafen, wenn Einzeltäter nicht ermittelt werden konnten. Verdächtige Täter »zu verwahren«, um sie später Gerichten zu übergeben, war ausdrücklich verboten, und für Straftaten gegen Landeseinwohner wurde der Verfolgungszwang aufgehoben. Wer Partisan, wer »verdächtig« war, entschied die Truppe selbst und führte die Maßnahmen sofort durch. Das gesamte eroberte Gebiet wurde dadurch zu einem rechtsfreien Raum, in dem deutschen Soldaten alles erlaubt war. Niemand musste fürchten, für seine Taten zur Rechenschaft gezogen zu werden. Im Gegenteil: Das denkbar radikalste Vorgehen war ausdrücklich erwünscht.

Zusammen mit dem berüchtigten *Kommissarbefehl* vom 6. Juni 1941 an die Oberbefehlshaber der drei Wehrmachtteile, der *Richtlinie für die Behandlung politischer Kommissare*, demgemäß ergriffene politische Kommissare der Roten Armee sofort »erledigt« werden sollten, gelten diese Anordnungen als Kern der mörderischen Kriegführung der Wehrmacht. Entgegen allen anderslautenden Behauptungen in der Nachkriegszeit hat die Forschung herausgearbeitet, dass diese Befehle grundsätzlich sehr wohl befolgt wurden. Wie viele Menschen ihnen zum Opfer fielen, ist kaum exakt zu beziffern. Ebenso schwer ist die Frage zu beantworten, wie viele Wehrmachtsoldaten sich damit zu Mördern und Vollstreckern nationalsozialistischer Vernichtungspolitik machten. Darum gewusst haben mussten alle; ob sie dieses Wissen aber verdrängten oder die eigene Mitschuld bestritten, steht auf einem anderen Blatt.

Sowohl der *Kriegsgerichtsbarkeitserlass* als auch der *Kommissarbefehl* wurden vor Beginn des Feldzuges ausgegeben, wohlgemerkt vom OKW, nicht etwa irgendwelchen Parteiorganisationen. Allein für den *Kom-*

Geheime Kommandosache 42

Anlage zu OKW/ WFSt/ Abt.L IV/Qu
Nr. 44822/41 g.K.Chefs.

Chefsache!
Nur durch Offizier!

h 609/42

Richtlinien für die Behandlung
politischer Kommissare.

Im Kampf gegen den Bolschewismus ist mit einem Verhalten des Feindes nach den Grundsätzen der Menschlichkeit oder des Völkerrechts nicht zu rechnen. Insbesondere ist von den politischen Kommissaren aller Art als den eigentlichen Trägern des Widerstandes eine hasserfüllte, grausame und unmenschliche Behandlung unserer Gefangenen zu erwarten.

Die Truppe muss sich bewusst sein:

1.) In diesem Kampfe ist Schonung und völkerrechtliche Rücksichtnahme diesen Elementen gegenüber falsch. Sie sind eine Gefahr für die eigene Sicherheit und die schnelle Befriedung der eroberten Gebiete.

2.) Die Urheber barbarisch asiatischer Kampfmethoden sind die politischen Kommissare. Gegen diese muss daher sofort und ohne Weiteres mit aller Schärfe vorgegangen werden.

Sie sind daher, wenn im Kampf oder Widerstand ergriffen, grundsätzlich sofort mit der Waffe zu erledigen.

Im Übrigen gelten folgende Bestimmungen:

I. Operationsgebiet.

1.) Politische Kommissare, die sich gegen unsere Truppe wenden, sind entsprechend dem "Erlass über Ausübung der Gerichtsbarkeit im Gebiet Barbarossa" zu behandeln. Dies gilt für Kommissare jeder Art und Stellung, auch wenn sie nur des Widerstandes, der Sabotage oder der Anstiftung hierzu verdächtig sind.

Auf die "Richtlinien über das Verhalten der Truppe in Russland" wird verwiesen.

/ 2.)

Der Feldzug im Osten war von Beginn an als rassenideologischer Vernichtungskrieg geplant. Der *Kommissarbefehl* vom 6. Juni 1941 ordnete die sofortige Ermordung von gefangenen politischen Kommissaren der Roten Armee an.

2.) Politische Kommissare als Organe der feindlichen Truppe sind kenntlich an besonderem Abzeichen – roter Stern mit goldenem eingewebtem Hammer und Sichel auf den Aermeln – (Einzelheiten siehe "Die Kriegswehrmacht der UdSSR." OKH/ Gen St d H O Qu IV Abt.Fremde Heere Ost (II) Nr. 100/41 g. vom 15. 1. 1941 unter Anlage 9 d).Sie sind aus den Kriegsgefangenen sofort, d.h. noch auf dem Gefechtsfelde, abzusondern. Dies ist notwendig, um ihnen jede Einflussmöglichkeit auf die gefangenen Soldaten zu nehmen. Diese Kommissare werden nicht als Soldaten anerkannt; der für Kriegsgefangene völkerrechtlich geltende Schutz findet auf sie keine Anwendung. Sie sind nach durchgeführter Absonderung zu erledigen.

3.) Politische Kommissare, die sich keiner feindlichen Handlung schuldig machen oder einer solchen verdächtig sind, werden zunächst unbehelligt bleiben. Erst bei der weiteren Durchdringung des Landes wird es möglich sein, zu entscheiden, ob verbliebene Funktionäre an Ort und Stelle belassen werden können oder an die Sonderkommando abzugeben sind. Es ist anzustreben, dass diese selbst die Ueberprüfung vornehmen.

Bei der Beurteilung der Frage, ob "schuldig oder nicht schuldig", hat grundsätzlich der persönliche Eindruck von der Gesinnung und Haltung des Kommissars höher zu gelten, als der vielleicht nicht zu beweisende Tatbestand.

4.) In den Fällen 1.) und 2.) ist eine kurze Meldung (Meldezettel) über den Vorfall zu richten :

a) von den einer Division unterstellten Truppen an die Division (Ic),

b) von den Truppen, die einem Korps-, Armeeober- oder Heeresgruppenkommando oder einer Panzergruppe unmittelbar unterstellt sind, an das Korps- usw. Kommando (Ic).

/ 5.)

missarbefehl können an die 4000 Exekutionen durch deutsche Fronttruppen nachgewiesen werden, die Schätzungen der Opferzahlen reichen bis zu 600 000. Dass er am 6. Mai 1942 ausgesetzt wurde, war allein den Beschwerden von Fronttruppen geschuldet, nach deren Ansicht er den gegnerischen Widerstandswillen stärkte. Mit Menschlichkeit hatten diese Beschwerden nichts zu tun: Hunderte anschließend gefangen genommene Kommissare wurden der SS übergeben und später im Konzentrationslager (KZ) umgebracht.

Doch nicht nur die politischen Kommissare sind ohne Verfahren ermordet worden. Die seit dem Überfall auf Polen bereits durchgeführten Gewalttaten bis hin zu Massenexekutionen fasste das OKW am 16. September 1941 im *Sühnebefehl* unmissverständlich zusammen:

> Um die Umtriebe im Keime zu ersticken, sind beim ersten Anlass unverzüglich die schärfsten Mittel anzuwenden, um die Autorität der Besatzungsmacht durchzusetzen und einem weiteren Umsichgreifen vorzubeugen. Dabei ist zu bedenken, dass ein Menschenleben in den betroffenen Ländern vielfach nichts gilt und eine abschreckende Wirkung nur durch ungewöhnliche Härte erreicht werden kann. Als Sühne für ein deutsches Soldatenleben muss in diesen Fällen im allgemeinen die Todesstrafe für 50–100 Kommunisten als angemessen gelten. Die Art der Vollstreckung muss die abschreckende Wirkung noch erhöhen.

Am 28. September 1941 empfahl Keitel den Militärbefehlshabern im *Geiselnahmebefehl*, zu diesem Zwecke stets über Geiseln zu verfügen. Die Befehlshaber hatten dazu freie Hand und konnten ihre eigenen »Quoten« festsetzen, vor allem in Bezug auf Juden, Kommunisten, Sinti und Roma.

Diese Befehle eröffneten schrankenlose Möglichkeiten zum völlig willkürlichen Morden, Verschleppen, Zerstören, Plündern, zur Anwendung jeder denkbaren, von allen Rücksichtnahmen losgelösten Gewalt. Sie machten die Anwendung weiterer Anordnungen wie des *Nacht- und Nebel-Erlasses* (7. Dezember 1941) oder des *Kommandobefehls* (18. Oktober 1942) wie auf anderen Kriegsschauplätzen unnötig. Im Osten Europas war die absolute Rechtlosigkeit der dort lebenden Bevölkerung bereits gegeben. Sie war der wesentliche Bezugsrahmen des militärischen Anteils an der Schoah und am Porajmos, der Ermordung der Roma.

Das Verhalten gegenüber Kriegsgefangenen

Ganz in der Verantwortung des OKW lag die Behandlung der Kriegsgefangenen. Der Umgang mit ihnen war in der Genfer Kriegsgefangenenkonvention vom 27. Juli 1929 festgelegt, die auch das Deutsche Reich 1934 unterzeichnet hatte. Schon im Feldzug gegen Polen wurden die entsprechenden Bestimmungen allerdings kaum noch eingehalten. Aus Kostengründen und weil man die erwarteten Kriegsgefangenen ohnehin sofort als Arbeitskräfte einzusetzen gedachte, waren lediglich Lager für 3000 feindliche Offiziere sowie 60 000 Unteroffiziere und Mannschaften errichtet worden. Tatsächlich gerieten aber rund 400 000 polnische Soldaten in deutsche Hände. Außerdem nahm man rund 200 000 Zivilisten als »verdächtige Elemente« fest. Jüdische Kriegsgefangene wurden sofort ausgesondert und unter noch schlechteren Bedingungen inhaftiert als ihre Kameraden. Anschließend übergab man sie gemäß dem Vorkriegsbefehl des OKW vom 16. Februar 1939 dem SD, der nachweislich 140 000 jüdische und politische Kriegsgefangene ermordete; in Schätzungen ist jedoch von bis zu 600 000 Opfern die Rede.

Alle anderen Kriegsgefangenen schickte man ab Oktober 1939 in den Arbeitseinsatz; ab Mai 1940 wurden beinahe allen eine schriftliche Einwilligung abgepresst, bevor sie in den Arbeitsdienst entlassen wurden. Dadurch verloren sie ihren ohnehin meist nicht respektierten Status als Kriegsgefangene und waren der Willkür der deutschen Besatzungsherrschaft ausgeliefert. Dass sich das OKW gleichwohl gegen Begehrlichkeiten der SS durchzusetzen vermochte, zeigt die Episode um die gefangenen etwa 1000 polnischen Offiziere jüdischen Glaubens. Da das »Dritte Reich« Repressalien der Westmächte gegenüber den eigenen Kriegsgefangenen fürchtete, blieben sie nicht nur bis Kriegsende relativ unbehelligt, sondern erhielten sogar weiterhin ihren Sold.

Derweil traf die Wehrmacht keinerlei Vorbereitungen für die Unterbringung oder Versorgung der Rotarmisten, obwohl die militärische Führung schon bei der Feldzugsplanung mit zwei bis drei Millionen Gefangenen rechnete. Wie mit ihnen umzugehen war, fasste das OKW in den »Anordnungen für die Behandlung sowjetischer Kriegsgefangener« vom 8. September 1941 zusammen, wonach der bolschewistische Soldat [...] jede Behandlung als ehrenhafter Soldat und nach dem Genfer Abkommen verloren [hat]. [...] Widersetzlichkeit, aktiver oder passiver Widerstand muss sofort mit der Waffe (Bajonett, Kolben und Schusswaffe) restlos beseitigt werden. [...] Wer zur Durchsetzung eines gegebenen Befehls nicht oder nicht energisch genug von der Waffe Gebrauch macht, macht sich strafbar.

Insbesondere »politisch unerwünschte Gefangene«, also Kommunisten und Juden, sollten weiterhin an die Erschießungskommandos der Einsatzgruppen überstellt werden, aber auch für das Überleben aller anderen Gefangenen wurde kaum gesorgt: Sie wurden regelmäßig auf freiem Feld zusammengetrieben, ohne sanitäre Anlagen und mit schlechter oder gar keiner Versorgung. Rasch fielen die erschöpften Soldaten tausendfach Seuchen, Hunger, schlechter Witterung und der erbarmungslosen, bisweilen mörderischen Behandlung durch die Wachmannschaften zum Opfer. Von den schätzungsweise 5,3 bis 6,3 Millio-

Sowjetische Kriegsgefangene nach der Schlacht um Kiew, 27. September 1941. Die Haftbedingungen waren menschenunwürdig.

nen gefangenen Rotarmisten starben zwischen 3,3 und 3,7 Millionen, also 57 bis 63 Prozent. Damit stellen sie nach den Juden die zweitgrößte Opfergruppe der NS-Herrschaft dar.

Das massenhafte Sterben ließ erst nach, als zum Jahreswechsel 1941/42 klar war, dass es keinen weiteren »Blitzsieg« in der Sowjetunion geben würde und angesichts der horrenden Verluste der Wehrmacht immer mehr deutsche Männer zum Kriegsdienst eingezogen werden mussten. Nun benötigte man die sowjetischen Kriegsgefangenen als Zwangsarbeiter in der deutschen Wirtschaft. Ihre Unterbringung, Versorgung und Verpflegung blieben aber miserabel.

Bisweilen wird in diesem Kontext darauf hingewiesen, dass diese Behandlung auch der in der Tat zunehmend desaströsen deutschen Nachschub- und Versorgungslage geschuldet gewesen sei. Doch es waren überhaupt keine Vorbereitungen für die Gefangenenunterbringung getroffen worden. Stattdessen machte sich ein erheblicher Teil der Truppenführer die ideologischen Vorgaben der politischen Führung zu eigen. Auf die entsprechenden Missstände in den sogenannten Russenlagern aufmerksam gemacht, antwortete der zuständige Generalquartiermeister des Heeres, Generalmajor Eduard Wagner, mit Verweis auf die prekäre Ernährungslage unmissverständlich: »Nicht arbeitende Kriegsgefangene in den Gefangenenlagern haben zu verhungern.«

Der Vergleich mit den britischen und amerikanischen Kriegsgefangenen spricht diesbezüglich Bände: Bei ihnen betrug die Todesrate nur etwa 3,5 Prozent. Der unmenschliche Umgang mit den sowjetischen Kriegsgefangenen war also in Wirklichkeit Teil der rassistischen Vernichtungspolitik, die dem deutschen Angriffskrieg im Osten Europas zugrunde lag. Sie sollten ebenso wenig überleben wie das Gros der dortigen Bevölkerung, die man rigoros ausplünderte.

Deutsche Besatzungsherrschaft

Polen

Die Vollziehende Gewalt in den besetzten Gebieten oblag nach einer Anordnung Hitlers vom 25. August 1939 zunächst dem Oberbefehlshaber des Heeres, der sie in Polen seinerseits an die Armeeoberbefehlshaber delegierte. Letzteren war jeweils ein Arbeitsstab von Verwaltungsfachleuten zugeteilt, denen die Gauleiter der angrenzenden Gaue, die nach Feldzugsende als Reichsstatthalter vorgesehen waren, als Chefs der Zivilverwaltungen vorstanden. Sie begannen in den eroberten Gebieten sofort damit, Verwaltungsstrukturen nach vorbereiteten Plänen aufzubauen. Formal waren sie zwar zunächst den Militärbefehlshabern unterstellt, tatsächlich aber handelten sie auf eigene Faust.

Nach der Verlegung des Gros der Truppen in den Westen übernahm Generaloberst Gerd von Rundstedt als Oberbefehlshaber Ost (Oberost) die vollziehende Gewalt; als sein Verwaltungschef fungierte der Reichsminister ohne Geschäftsbereich Hans Frank. Die Militärverwaltung endete mit dem 26. Oktober 1939 auf der Grundlage des *Erlasses des Führers und Reichskanzlers über die Verwaltung der besetzten polnischen Gebiete* vom 8. Oktober 1939: Nun wurden die eroberten polnischen Gebiete als Reichsgaue Wartheland und Danzig-Westpreußen dem Deutschen Reich sowie Ostoberschlesien und Landstriche nördlich von Warschau den Provinzen Schlesien und Ostpreußen angegliedert.

Dabei handelte es sich um die wirtschaftlich am weitesten entwickelten Regionen mit umfangreichen Bodenschätzen. Dort befanden sich circa 80 Prozent der polnischen Industriebetriebe, die 100 Prozent des nationalen Bedarfs an Kohle und Zink förderten sowie 97,5 Prozent des Roheisens, 90 Prozent des Stahls und 70 Prozent des Zuckers produzierten. Insbesondere die Steinkohle- und Stahlproduktion aus dem oberschlesischen Revier war für den weiteren Kriegsverlauf von erheblicher Bedeutung für die deutsche Kriegswirtschaft. Die landwirtschaftlichen Erzeugnisse sorgten darüber hinaus dafür, dass die deutsche »Volksgemeinschaft« die bestversorgte Bevölkerung aller kriegführenden Nationen außer den USA blieb: Allein das Wartheland lieferte beinahe ein Drittel des gesamten Zucker- und mehr als zehn Prozent des Getreidebedarfs. Die polnischen Eigentümer wurden enteignet und deportiert, ihre Betriebe linientreuen Gefolgsleuten überschrieben. So erhielt beispielsweise Generaloberst Heinz Guderian ein Gut im Wert von über 1,2 Millionen Reichsmark.

Aus dem restlichen Polen entstand das »Generalgouvernement für die besetzten polnischen Gebiete« (das ab August 1940 nur noch »Generalgouvernement« hieß), dessen Führung Frank übernahm. Nach dem Überfall auf die Sowjetunion wurde es im August 1941 noch um galizische Gebiete erweitert. Von da an oblagen der Wehrmacht lediglich die

Postkarte aus den 1930er Jahren. Nachdem die Bewohner des Psychiatrischen Krankenhauses Kościan (dt. Kosten) durch das SS-Sonderkommando Lange ermordet worden waren (15. bis 22. Januar 1940), nutzte die Wehrmacht die Anstalt als Kaserne.

Grenzsicherung und die Ausbildung von Ersatzeinheiten. Zu diesem Zweck standen rund 80 000 Mann Besatzungstruppen im Land, für die bis 1942 etwa 170 000 Einwohner aus fast 200 polnischen Dörfern vertrieben wurden, um Raum für Truppenübungsplätze zu schaffen. Gleichwohl berechnete die Wehrmachtführung Besatzungskosten für 400 000 Soldaten, beteiligte sich also auch auf diese Weise an der Ausplünderung des Landes.

Skrupellos agierte die Wehrmacht auch im Kontext der »Krankenmorde«: Wenn Anstalten und andere Liegenschaften für psychisch kranke Menschen als Unterkunft gebraucht wurden, forderte man ein Einsatzgruppenkommando an und bat um die »Säuberung« der Gebäude. Das Töten überließ die Wehrmacht in solchen Fällen den SS- oder Polizeieinheiten.

Rundstedts Nachfolger als Oberost, Generaloberst Johannes Blaskowitz, protestierte 1939/40 immerhin mehrmals gegen Franks terroristische Vernichtungspolitik und sprach dabei die Verbrechen klar an – was belegt, dass Widerspruch damals durchaus möglich war. Er wurde des-

Allein in Polen wurden im Zweiten Weltkrieg bis zu 500 000 Kunstwerke gestohlen. Viele sind bis heute nicht wieder aufgetaucht. Die Rückgabe dieses Gemäldes des Künstlers Franciszek Mrazek, das ein Offizier der Wehrmacht im November 1939 entwendet hat, ist eine der wenigen Ausnahmen. Der Enkel gab das Bild 2018 zurück.

wegen im Mai 1940 durch Generalleutnant Curt Ludwig von Gienanth ersetzt, die Dienststellung des Oberost im Juli 1940 auf »Militärbefehlshaber im Generalgouvernement« heruntergestuft. Einsatzgruppen, SS und andere nationalsozialistische Terrororganisationen konnten dort hemmungslos wüten, während das Land mit einem Netz aus Konzentrationslagern überzogen wurde.

Bis 1945 hat das Deutsche Reich schätzungsweise 5,5 Milliarden Reichsmark allein aus dem Generalgouvernement herausgepresst. Zusätzlich wurden in Polen etwa 500 000 Kunstgegenstände geraubt. Dafür eigens gebildete Sondereinheiten durchzogen das Land, plünderten Museen, Bibliotheken und Archive, die anschließend zerstört wurden. Jedwede Bildung oberhalb einer vierklassigen Grundschule war für die Bevölkerung ohnehin nicht vorgesehen, Ober- und Hochschulen wurden ebenso geschlossen wie die Universitäten. Das Lehrpersonal wurde ermordet.

Generaloberst Johannes Blaskowitz und Generaloberst Gerd von Rundstedt (salutierend) nehmen die Siegesparade deutscher Truppen in Warschau ab, 2. Oktober 1939.

Auch diese Praxis hat man mit der Schaffung des »Einsatzstabs Reichsleiter Rosenberg«, benannt nach dem NS-Chefideologen Alfred Rosenberg, im Juli 1940 institutionalisiert. In Konkurrenz zu anderen nationalsozialistischen Rauborganisationen spürte dieser Stab in Zusammenarbeit mit Wehrmacht und SS in den eroberten Gebieten Kunstwerke auf, klassifizierte sie, schaffte die einen ins Reich und vernichtete die anderen. Deren bisherige Besitzer wurden getötet oder in Konzentrationslager deportiert. Nicht wenige, auch Angehörige der Wehrmacht, bereicherten sich dabei persönlich.

Wie dramatisch sich derweil die Lebensumstände der polnischen Bevölkerung entwickelten, lässt sich beispielsweise an der landwirtschaftlichen Ausplünderung ablesen: Hatte man dem Land bis 1941 noch 55 000 Tonnen Getreide und 122 000 Tonnen Kartoffeln alleine an

Transporten ins Reich entzogen, steigerte man diese Mengen bis 1944 auf 571 700 und 387 000 Tonnen. Darüber hinaus mussten noch etwa eine halbe Million Wehrmachtsoldaten, 50 000 Angehörige von Polizei und SS sowie 400 000 sowjetische Kriegsgefangene mit Nahrung versorgt werden. Möglich wurde dies nur durch die Ermordung der jüdischen Bevölkerung und drakonische Zwangsmaßnahmen gegenüber den verbliebenen Einwohnern.

Diese Zahlen deuten an, wie sehr die erst 1941 auf Kriegsbedingungen umgestellte deutsche Wirtschaft auf die Ausplünderung der eroberten Gebiete angewiesen war. Beschränkungen legte sich das NS-Regime nur gegenüber den westlichen Staaten auf, der Osten Europas hingegen sollte alles Benötigte liefern, vor allem Rohstoffe, Lebensmittel und Arbeitskräfte. Im März 1941 wurde dazu die »Wirtschaftsorganisation Ost« aufgestellt, deren »Wirtschaftsstab Ost« alle zivilen wirtschaftlichen Ressorts der Besatzungsverwaltung mit den entsprechenden militärischen Dienststellen koordinierte. Den Leiter des Stabs unterstellte man im Spätsommer 1942 dem Chef des OKW, wobei sich die Organisation rasch zu einer der größten Reichsbehörden entwickelte. Von ihren rund 18 000 Mitarbeitern gehörten etwa 8000 der Wehrmacht an, und in der besetzten Sowjetunion waren ihre fünf Rüstungsinspektionen den jeweiligen Heeresgruppenkommandos zugeordnet. Von Anfang an arbeiteten dort auch private Wirtschaftsunternehmen unterschiedlicher Sparten mit.

Die Entrechtung und Diskriminierung der Polen und Juden wurden darüber hinaus auch in den vom Deutschen Reich annektierten polnischen Gebieten gesetzlich festgeschrieben. Die »Polenstrafrechtsverordnung« vom 4. Dezember 1941 sah bereits für einfache Delikte drastische Strafen vor, insbesondere wenn sie gegen Deutsche verübt worden waren. Schon eine Ohrfeige konnte das Todesurteil bedeuten, intime Beziehungen zwischen Polen und Deutschen wurden als »Rassenschande« verfolgt. Freiheitsstrafen mussten im Straflager verbüßt werden. Rechtsmittel gegen Urteile gab es nicht, ab Mai 1942 war nicht einmal mehr ein Pflichtverteidiger vorgesehen. Bereits im ersten Anwendungsjahr wurden 1129 Todesurteile nachweislich vollstreckt. Von insgesamt knapp 62 000 verurteilten Polen allein 1942 schickten die Besatzungsbehörden über 45 000 in Straflager. Obwohl die Verordnungen ausdrücklich auch gegen die jüdische Bevölkerung anwendbar waren,

BEKANNTMACHUNG

Das Sondergericht in Litzmannstadt hat am 11. Februar 1943

Bronislaw Gląbski

aus Litzmannstadt

und

Stanislaw Bloch

aus Litzmannstadt

wegen fortgesetzten Kriegswirtschaftsverbrechens, begangen durch Schwarzschlachtungen von Kühen und Schweinen, zum Tode verurteilt.

Die Urteile sind heute vollstreckt worden.

ÜBERSETZUNG:

Das Sondergericht w Litzmannstadt skazał w dniu 11 lutego 1943 na karę śmierci

Bronisława Głąbskiego z Litzmannstadt

oraz

Stanisława Blocha z Litzmannstadt

za ciągłą zbrodnię przeciwko gospodarce wojennej, popełnioną pokątnym ubajem krów i świń.

Wyroki zostały dziś wykonane.

Litzmannstadt, den 19. März 1943

Der Oberstaatsanwalt

Todesurteile wurden bei kleinsten Vergehen ausgesprochen.

kamen sie faktisch nur gegen »ethnische Polen« zur Anwendung, da die Judenvernichtung bereits in vollem Gange war.

Nach dem Überfall auf die Sowjetunion und der sogenannten Wannseekonferenz avancierte das Generalgouvernement zum Zentrum der organisierten Ermordung der Juden. Rund drei Millionen polnische Juden und noch einmal so viele andere polnische Staatsbürger fielen diesem Terrorregime zum Opfer. Das belegt, dass die deutsche Kriegführung im Osten von Anfang an als Raub-, Rasse- und Vernichtungskrieg gedacht und umgesetzt worden ist.

Sowjetunion

Innerhalb der deutschen Führung und insbesondere im OKW war man sich bereits bei der Planung des Feldzuges gegen die Sowjetunion absolut bewusst, dass

> [d]er Krieg [...] nur weiter zu führen [ist], wenn die gesamte Wehrmacht im 3. Kriegsjahr aus Russland ernährt wird. [...] Hierbei werden zweifellos zig Millionen Menschen verhungern, wenn von uns das für uns Notwendige aus dem Land herausgeholt wird.

Der Hungertod von Millionen sowjetischer Zivilisten war also bereits vor dem Überfall einkalkuliert – was auf keinen Widerspruch traf. Im Gegenteil: Alle deutschen Truppen dort und außerdem große Teile der deutschen Zivilbevölkerung wurden den gesamten Krieg über auf Kosten der Menschen in den eroberten Gebieten mit Nahrung versorgt. Ganze Landstriche in der Ukraine sollten abgeriegelt und Lebensmitteltransporte dorthin unterbunden werden, andere gab das OKW zur Plünderung frei, wie im Donezbecken oder auf der Krim. Nur weil die deutschen Truppen nicht ausreichten, um das Land flächendeckend zu besetzen, konnten nicht alle geplanten Maßnahmen umgesetzt werden. Dass dennoch schätzungsweise sieben Millionen sowjetische Zivilisten den katastrophalen Lebensumständen, vor allem aber dem Hunger zum Opfer fielen, deutet darauf hin, welche furchtbaren Dimensionen eigentlich angedacht waren. Allein im ukrainischen Charkow verhungerten bis zum Frühjahr 1942 etwa 14 000 Menschen, doch das größte Verbrechen in diesem Zusammenhang spielte sich um Leningrad ab, das schon in der Einleitung erwähnt wurde. Obwohl die Stadt am 1. Mai 1945 als erste von insgesamt nur 12 Städten den Ehrentitel »Heldenstadt« erhielt und bis heute als Symbol des Widerstandswillens sowie des Leidens der sowjetischen Bevölkerung im Krieg gilt, versuchten insbesondere westdeutsche Historiker bis in die 1980er Jahre hinein, die Blockade als gebräuchliches Kriegsmittel der damaligen Zeit darzustellen. Erst allmählich setzte sich die zutreffende Einordnung durch, dass der Hungerpolitik eine Schlüsselrolle im Vernichtungskrieg zugedacht war.

Auch dafür existierte grundsätzlich eine Aufgabenverteilung zwischen Wehrmacht und zivilen Verwaltungsorganen. Die zentrale Behörde der zivilen Verwaltung sowie der Gesetzgebung für das Baltikum und die eroberten Gebiete in der Sowjetunion war das 1941 geschaffene Reichsministerium für die besetzten Ostgebiete unter der Leitung des NS-Chefideologen Rosenberg. Zusammen mit dem Reichsjustizministerium, dem Auswärtigen Amt und dem Reichssicherheitshauptamt gehörte es zu den Schaltstellen der nationalsozialistischen Vernichtungspolitik. Sein oberstes Ziel war die »Germanisierung« dieser Regionen – einschließlich der Auslöschung der dort lebenden Juden.

Organisatorisch sollten die von der Wehrmacht eroberten Gebiete auf Weisung des OKW vom 13. März 1941 nach Abschluss der Kampfhandlungen in vier Reichskommissariate aufgeteilt werden, von denen

Wehrmachtsoldaten beschlagnahmen Getreide in Siwerskaja (Oblast Leningrad), 17.9.1942. In vielen Gegenden kam es zu sogenannten »Kahlfraßzonen«.

Alfred Rosenberg (1893–1946) gilt als »Chefideologe« der NSDAP. Als »Reichsminister für die besetzten Ostgebiete« war er mitverantwortlich für die Ghettoisierung und Ermordung der Juden. 1946 wurde er zum Tode verurteilt und hingerichtet.

zwei tatsächlich geschaffen wurden. Die Reichskommissariate Ostland (ab dem 25. Juli 1941) und Ukraine (ab dem 1. September 1941) umfassten die baltischen Staaten und Teile Weißrusslands beziehungsweise alle anderen Gebiete bis zum Schwarzen Meer. Die Errichtung der Reichskommissariate Moskowien und Kaukasien verschob man angesichts der zwischenzeitlichen Niederlage in der Schlacht um Moskau auf die Zeit nach dem »Endsieg«.

Rosenberg hatte seine Ziele bereits vor Beginn des Feldzuges in der Sowjetunion in der »Braunen Mappe« im Juli 1941 schriftlich fixiert, Himmlers Einsatzgruppen setzten sie nach dem Vorbild des Polenfeldzuges um: A und B in »Ostland«, C und D in der Ukraine. Obwohl die Maßnahmen der Zivilverwaltung auf eine umfassende Vernichtung der Bevölkerung hinausliefen, gab es durchaus Unterschiede. Innerhalb »Ostlands« wollte man in den baltischen Staaten eine eingeschränkte Mitsprache der einheimischen Bevölkerung zulassen, freilich in sehr engen Grenzen, um die Gesellschaft dort zu einer Komplizenschaft zu motivieren. Zumindest hatten viele die einmarschierende Wehrmacht zunächst als Befreier vom Regime Stalins willkommen geheißen – wie auch in der Ukraine: Darüber entzündete sich eine kurze Auseinandersetzung zwischen Rosenbergs Ministerium und dem OKW.

Rasch setzte sich mit Unterstützung Hitlers allerdings die Sichtweise durch, dass die Ukrainer ebenso zu behandeln seien wie alle anderen Slawen. Nur einige wenige wurden als sogenannte Hilfswillige für die Wehrmacht und die deutsche Besatzungsherrschaft angeworben. Eine zwischenzeitliche Zweckallianz mit der Organisation Ukrainischer Nationalisten beziehungsweise ihrem im Oktober 1942 gegründeten militärischen Flügel, der Ukrainischen Aufstandsarmee, die sich von ihrer Kollaboration mit der Wehrmacht einen eigenen Nationalstaat erhoffte, schlug 1943 in offene Gegnerschaft um: Beide Gruppierungen bekämpften in der Folge außer der Polnischen Heimatarmee sowohl die Wehrmacht als auch die Rote Armee.

In der Konsequenz setzte das Reichsministerium für die besetzten Ostgebiete seine rigorose Ausplünderungs- und Vernichtungspraxis fort. Dabei funktionierte die Zusammenarbeit mit der Wehrmacht nahezu reibungsfrei. Neben der jeweiligen zivilen Verwaltung, deren Chef die Vollziehende Gewalt innehatte, vertraten in den Reichskommissariaten Wehrmachtbefehlshaber die militärischen Interessen, kümmerten sich also um den Anteil der Wehrmacht an den erpressten Lebensmitteln und anderen Gütern. Gemeinsam mit der örtlichen Polizei oblag ihnen außerdem die Sicherheit insbesondere der Transportwege. Dabei unterstützte sie ein Netz regionaler Feld- und Ortskommandanturen, die ihrerseits wiederum den Befehlshabern im rückwärtigen Gebiet für die Sicherheit und Verwaltung hinter den Kampffronten jeder Heeresgruppe verantwortlich waren. Zu diesen Zwecken standen zwar eigene Sicherungsdivisionen zur Verfügung, weil man aber von einem schnellen Sieg ausgegangen war, gab es viel zu wenige davon. Zusätzlich existierten einige Landesschützenbataillone aus in der Regel älteren Jahrgängen, die nur mäßig bewaffnet waren. Auch deswegen kooperierte die Wehrmacht überall mit Verbänden von Polizei, SS und SD, die wiederum den jeweiligen Höheren SS- und Polizeiführern unterstanden, vornehmlich bei der Partisanenbekämpfung.

Diese Zusammenarbeit war allerdings schon vor Beginn des »Unternehmens Barbarossa« mittels einschlägiger OKW-Befehle vereinbart worden. Da das OKW wusste, wie verbrecherisch das Treiben von SS und SD war, legte es zwar keine eindeutige Beteiligung fest, zog jedoch auch keine klaren Grenzen. Das Ziel war, möglichst viele Truppen für die Front zu behalten, indem die Wehrmachtführung die »Befriedung« der rückwärtigen Gebiete größtenteils der SS und Polizei überließ. Dass die Wehrmachtführung jene Organisationen bewusst als Unterstützung für die eigenen Operationen einordnete, beweist einmal mehr die Vermischung der militärischen und weltanschaulichen Kriegführung

Etwa die Hälfte der sowjetischen Bevölkerung hat unter der deutschen Besatzung gehungert. Das Bild zeigt obdachlose Frauen in der Stadt Charkow, die von der 6. Armee systematisch ausgeplündert wurde. Bis Ende 1942 verhungerten dort 14 000 Menschen.

im Osten. Die Wehrmacht nahm sie eben nicht nur in Kauf, sie waren vielmehr Teil der militärischen Planungen – was sich bereits in der Zusammensetzung der eigenen Sicherungstruppen abbildete: Obwohl sie auf dem Papier als Infanteriedivisionen bezeichnet wurden, waren ihnen nämlich Beamte der Geheimen Feld- und der Ordnungspolizei unterstellt. Im Verlauf des Krieges wurden sie zudem um Angehörige ethnischer Minderheiten (u. a. Aserbaidschaner, Georgier, Tataren oder Ukrainer) ergänzt, die für ihre Kollaboration aus der Kriegsgefangenschaft entlassen wurden. Ihr Hauptauftrag bestand in der Partisanenbekämpfung, die mit der Vernichtung der europäischen Juden verschmolz und noch brutaler durchgeführt wurde, als dies zuvor in Polen der Fall gewesen war. Alles in allem also ein bereits vor Beginn des Krieges kalkuliertes Vorgehen.

Die deutsche Ausplünderungs- und Vernichtungspraxis kulminierte nach der Niederlage von Stalingrad zusehends, als Hitler für den Rückzug der Wehrmacht eine Politik der Verbrannten Erde anordnete. Gemäß der dazu vom Wirtschaftsstab Ost in Absprache mit dem Reichsministerium für Rüstung und Kriegsproduktion im Februar 1943 erteilten Weisung wurde alles an Mensch und Material – von Maschinen und Fahrzeugen über Rohstoffe bis hin zum Vieh –, was für das Deutsche Reich und seine Wehrmacht noch von Nutzen sein mochte, entweder ins Reich deportiert oder umgebracht bzw. zerstört. Außerdem sollten so der Roten Armee potenzielle Rekruten wie auch Unterkunfts- und Versorgungsmöglichkeiten entzogen werden. Damit startete die letzte Eskalationsstufe: Räumten Wehrmachttruppen ein Gebiet vor der vorstoßenden Roten Armee, entvölkerten sie ganze Regionen, brannten Dörfer und Felder nieder, vernichteten Industrieanlagen sowie alles an Hab und Gut, was nicht weggeschafft oder als Beute mitgeführt werden konnte. Die arbeitsfähige Zivilbevölkerung wurde entweder zur Zwangsarbeit verschleppt oder als Arbeitskräfte von den Wehrmachtverbänden vereinnahmt, die restlichen Bewohner wurden oft getötet oder hilflos in den zerstörten Ortschaften zurückgelassen.

Diese Befehle galten zwar grundsätzlich für die von der Wehrmacht geräumten Gebiete auf allen Kriegsschauplätzen, wurden aber nur in der Sowjetunion und in Polen derart gnadenlos und umfassend umgesetzt. Erst als Hitler im März 1945 solche Zerstörungen auch für das Reichsgebiet anordnete, formierte sich gegen diesen *Nerobefehl* teil-

Ein deutscher Tross zieht im September 1943 an einem brennenden Dorf vorbei und führt Rinder mit. Nach der Niederlage von Stalingrad hatte Hitler die Politik der »Verbrannten Erde« befohlen: Die vorrückende Rote Armee sollte keine verwertbaren Güter mehr vorfinden.

weise sogar offener Widerstand. Auch bei diesem Thema stellte sich die Wehrmachtleitung klar an die Seite ihres »Führers« – für die entsprechenden Maßnahmen in den zu räumenden Gebieten hatte das OKW die Befehlslage am 6. September 1944 bereits nachdrücklich unterstützend präzisiert.

Zwangsarbeit

Die deutsche Kriegswirtschaft basierte nicht nur auf der materiellen, sondern auch auf der personellen Ausbeutung der besetzten Gebiete, zumal die Verluste der Wehrmacht rapide anstiegen. Immer mehr Arbeiter mussten der deutschen Wirtschaft für den Kriegsdienst entzogen werden. Die Lücken versuchte das NS-Regime zunächst durch die Arbeitskraft von Frauen zu füllen, doch es musste bald auf ausländische Arbeitskräfte zurückgreifen. Da sich Freiwillige nicht im erforderlichen Umfang anwerben ließen, dehnte man die Zwangsarbeit aus, die für das Deutsche Reich eigentlich nur innerhalb der jeweiligen Heimatländer zu leisten war. Nachdem man ab Dezember 1941 allen Nicht-Deutschen im Osten Europas eine Pflicht zum Arbeitseinsatz vor Ort auferlegt hatte, verschleppte man sie nun auch zu Hunderttausenden ins Reich. Erzwungene Arbeitsleistungen für den Staat waren zwar schon seit der Errichtung der ersten Konzentrations- und Arbeitslager eine eingeübte Praxis, doch mit Kriegsbeginn explodierte dieser Sektor förmlich. Zwangsarbeit für die Deutschen entwickelte sich zu einer der großen gemeinsamen Erfahrungen der Menschen in allen von der Wehrmacht eroberten Gebieten Europas.

Davon profitierte nicht nur das Regime: Weil die Zwangsarbeiterinnen und Zwangsarbeiter wesentlich günstiger waren als reguläre Arbeitskräfte, füllten sie auch die Kassen der Wirtschaftsunternehmen, für die sie schuften mussten. Fast alle großen deutschen Firmen – von BASF und Daimler-Benz über Siemens und VW bis zur Friedrich-Krupp-AG und Rheinmetall – strichen dadurch erhebliche Gewinne ein. Darüber hinaus forderten etliche Gemeinden und andere öffentliche Einrichtungen Zwangsarbeiterinnen und -arbeiter an, sogar die Kirchen. Sie wurden in der Landwirtschaft ebenso ausgebeutet wie in handwerklichen Betrieben oder Privathaushalten. Mit kaum einem Bereich der nationalsozialistischen Verbrechenspolitik kamen mehr Deutsche in persönlichen Kontakt wie mit dem der Zwangsarbeit; sie reichte bis in die Familien hinein, wo die Gefangenen zu allerlei Hilfsdiensten missbraucht wurden.

Für die etwa 1,6 Millionen polnischen Zivilisten und die 300 000 Kriegsgefangenen, die Zwangsarbeit leisten mussten, galt bereits mit den *Polen-Erlassen* ab März 1940 ein diskriminierendes Sonderrecht: Sie mussten sich selbst durch ein »P« auf jedem Kleidungsstück kennzeichnen, durften weder Geld noch sonstige Wertgegenstände besitzen und nach Einbruch der Dämmerung ihre Unterkünfte nicht mehr verlassen. Letztere waren verglichen mit denen anderer Zwangsarbeiter ebenso schlecht wie ihre Versorgung minimal. Außerdem war ihnen die Benutzung von öffentlichen Verkehrsmitteln verboten, die Teilnahme am gesellschaftlichen Leben überhaupt, der Aufenthalt in Gaststätten, ja sogar in Luftschutzeinrichtungen. Jede Zuwiderhandlung, für deren Verfolgung die Gestapo zuständig war, wurde ohne Gerichtsverhandlung mit drakonischen Strafen bis hin zu öffentlichen Hinrichtungen geahndet.

Die *Polen-Erlasse* waren das Vorbild für den nach dem Angriff auf die Sowjetunion am 20. Februar 1942 angeordneten, noch schärferen *Ostarbeitererlass*. Von ihm waren während des Krieges zwischen 22 und 27 Millionen sowjetische Bürgerinnen und Bürger betroffen; über 2,75 Millionen davon wurden außerdem ins Reichsgebiet verschleppt, wo man zusätzlich etwa 750 000 kriegsgefangene Rotarmisten als Zwangsarbeiter ausbeutete. Da sich die Kriegslage aus Sicht der Deutschen ständig verschlechterte, galt in der zweiten Kriegshälfte der Arbeitseinsatz als vordringliche Aufgabe auch der Konzentrations- und Kriegsgefangenenlager, aus denen sich Wehrmachtdienststellen ebenfalls bedienten:

Zynisch wirkt der Spruch auf diesem Werbeplakat von 1943 für den Arbeitseinsatz im Deutschen Reich: »Wir fahren nach Deutschland, um für Frieden und eine bessere Zukunft zu arbeiten. Mit den erworbenen Fähigkeiten wirst du bei deiner Rückkehr in die Heimat immer eine gute Stelle finden.«

Die Insassinnen und Insassen wurden zum Minenräumen, zum Bau von militärischen Anlagen, zu Schanzarbeiten und anderen Handlangerdiensten gezwungen – sowohl auf den Kriegsschauplätzen als auch im Reich.

Dafür beteiligte sich die Wehrmacht selbst an der regelrechten Jagd auf sie, nicht nur bei den Erwachsenen: In der sogenannten HEU-Aktion ab März 1944 nahm man Tausende verwaiste Kinder unter fünfzehn Jahren in Weißrussland fest und deportierte sie zur Zwangsarbeit ins Reich. Ungefähr 5500 Jungen und 1200 Mädchen schufteten dort in der Rüstungsindustrie, nahezu 4000 allein in den Junkers Flugzeug- und Motorenwerken. Erst das Vordringen der Roten Armee machte der Aktion im Oktober 1944 ein Ende. Parallel dazu rekrutierte die Wehrmacht teilweise unter Zwang zwischen 4000 und 21 000 Jugendliche als Flakhelfer in den besetzten Gebieten. Allein innerhalb des Reiches stiegen die Zahlen von Zwangsarbeiterinnen und Zwangsarbeitern zwischen 1941 und 1944 von 1,2 auf 7,8 Millionen; circa zwei Drittel von ihnen stammten aus Polen und der Sowjetunion. Insbesondere bei ihnen und den Juden galt die »Vernichtung durch Arbeit« als erklärtes Ziel.

Die unmenschliche Behandlung der Zwangsarbeiterinnen hatte auch sexuelle Aspekte. Während intime Kontakte mit Deutschen als »Rassenschande« mit der Todesstrafe geahndet wurden, richtete das NS-Regime

»Ostarbeiterinnen« im Durchgangslager Wilhelmshagen, 12. November 1942.

Bordelle für Zwangsarbeiter ein. Dort oder in anderen Zusammenhängen verursachte Schwangerschaften kümmerten die Verantwortlichen wenig: Die Schwangeren mussten bis kurz vor der Geburt und auch unmittelbar danach wieder ihre Arbeit verrichten. Die Kinder selbst kamen in die Obhut sogenannter Ausländerkinder-Pflegestätten, in denen man sie teilweise als Zwangsarbeiternachwuchs aufzog, vor allem aber die »rassisch« nicht erwünschten verkümmern und regelmäßig verhungern ließ. Zwangsabtreibungen und Zwangssterilisationen gehörten ebenso zum Gewaltrepertoire des Regimes gegenüber Zwangsarbeiterinnen wie Menschenversuche an Schwangeren und Kindern.

Ohnehin nahmen die Verantwortlichen auf deutscher Seite weder auf Frauen noch auf Kinder im Osten besondere Rücksicht. Im Gegenteil: Die Vergewaltigung sowjetischer Frauen muss durchaus zur Demütigungspraxis der Wehrmachtkriegführung in den besetzten Gebieten gezählt werden. Hatte das OKH bereits im Juli 1940 darauf gedrungen, bei Vergewaltigungen durch deutsche Soldaten »den schonendsten Straftenor zu wählen«, verloren die militärischen Vorgesetzten in der Folge jegliches Interesse an einer Verfolgung sexueller Gewalt. Regelmäßig wurden die Opfer, insbesondere wenn es Jüdinnen waren, entweder schon im Zuge der Vergewaltigung oder anschließend getötet. Dabei handelte es sich ebenso wenig um Ausnahmeerscheinungen wie bei der alltäglichen Gewalt in den Wehrmachtbordellen.

Letztere wurden von der Wehrmachtführung ab März 1942 aus reinen Kontrollüberlegungen in Osteuropa eingerichtet: Einerseits fürchtete man eine Aufweichung der militärischen Disziplin, wenn die Soldaten ihre sexuellen Bedürfnisse nicht ausleben konnten (»Manneszucht«), andererseits wollte man die Ausbreitung von Geschlechtskrankheiten und nicht zuletzt eine gegnerische Informationsbeschaffung mittels sexueller Dienstleistungen verhindern. Die Frauen wurden teilweise angeworben, in der Regel aber zur ansonsten verbotenen Prostitution gezwungen. Sie blieben unter politischer und ärztlicher Aufsicht; missliebige oder kranke Frauen wurden kurzerhand ermordet.

Insgesamt waren während des Krieges auf dem Gebiet des »Großdeutschen Reichs« ca. 13,5 Millionen ausländische Arbeitskräfte und Häftlinge von Konzentrations- und anderen Lagern im Einsatz. Bei etwa 8,4 Millionen von ihnen handelte es sich um zivile Arbeiterinnen und Arbeiter, bei 4,6 Millionen um Kriegsgefangene und bei 1,7 Millio-

Sowjetische Dorfbewohner ziehen vor ein Dorf am Sosch, um Stellungen auszuheben. Deutsche Soldaten beaufsichtigen sie.

nen um KZ-Häftlinge und sogenannte »Arbeitsjuden«. 80 bis 90 Prozent lassen sich dabei nach der gängigen Definition als Zwangsarbeiter einstufen. Für ihren Einsatz außerhalb des Reichsgebietes existieren bislang keine seriösen Zahlen; diese dürften um ein Vielfaches höher liegen.

Partisanenkrieg

Auch über die Stärke sowohl der Partisanengruppen als auch der gegen sie eingesetzten Wehrmachtverbände ist kaum Verlässliches bekannt. Bezüglich der Opfer gehen Schätzungen von ungefähr einer halben Million Menschen aus. Schon ob es sich dabei tatsächlich immer um Partisanen handelte, ist jedoch strittig. Der Kampf gegen sie war von Anfang an mit der Vernichtung der Juden und slawischen »Untermenschen« verschmolzen. Außerdem führten die schnellen Operationen der Wehrmacht in Polen und der Sowjetunion rasch dazu, dass reguläre gegnerische Verbände von ihrer Armee abgeschnitten wurden. Schon im polnischen Feldzug handelte es sich deswegen oft um Angriffe von versprengten polnischen Soldaten, wenn in der deutschen Überlieferung von Partisanenaktionen die Rede war.

Bereits in Polen hat man Mordaktionen – sowohl an polnischen Soldaten als auch an Zivilisten – zur Partisanenbekämpfung verklärt. Denn für Partisanen waren grundsätzlich kriegsgerichtliche Verfahren vorgesehen, auf einen Kampf gegen einheimische Widerstandsgruppen war die Wehrmachtführung nicht vorbereitet. Erst bei der Planung des Überfalls auf die Sowjetunion ordnete der *Kriegsgerichtsbarkeitserlass* des OKW an, Freischärler »durch die Truppe im Kampf oder auf der Flucht schonungslos zu erledigen« und auch »alle anderen Angriffe feindlicher Zivilpersonen [...] auf der Stelle mit den äußersten Mitteln bis zur Vernichtung des Angreifers niederzumachen«. Im Falle von Angriffen aus Ortschaften heraus, bei denen sich kein Täter feststellen ließ, hielt das OKH außerdem die Truppe dazu an, sofort 30 Männer zu erschießen. Auch diese Anordnungen wurden noch vor dem Feldzugsbeginn an die Truppe weitergegeben und dort von den verschiedenen Hierarchieebenen bis hinunter zum einfachen Soldaten ausgeführt. Vereinzelte erhoben Einspruch gegen diese völkerrechtswidrige Praxis, doch sie sorgten sich lediglich um die Disziplin innerhalb der Verbände.

Tatsächlich begingen deutsche Soldaten mit Angriffsbeginn zahllose Übergriffe gegenüber der Zivilbevölkerung, bis hin zu willkürlichen Erschießungen. Einige Truppenführer gingen gegen solche Taten vor, sofern sie nicht den Regelungen im *Kriegsgerichtsbarkeitserlass* entsprachen. Demnach durfte nämlich jeder einzelne Soldat Freischärler zwar im Verlauf von Kampfhandlungen erschießen, nicht jedoch außerhalb davon – was aber reihenweise geschah. Gegenüber gefangenen Partisanen war nur ein Offizier berechtigt, Todesurteile ohne weiteres Verfahren auszusprechen und vollstrecken zu lassen, niemand unterhalb dieser Ebene. Insofern bezog sich die Strafe der militärischen Führung, sofern überhaupt eine erfolgte, nicht auf das verbrecherische Verhalten, sondern darauf, dass es nicht den verbrecherischen Regeln entsprochen hatte. Weder sollten die Repressalien abgemildert werden noch waren moralische Skrupel zu erkennen.

Man befürchtete vielmehr, einerseits die Befehlsgewalt über die Soldaten zu verlieren, und andererseits, dass die Maßnahmen nicht effizi-

Streife der Feldgendarmerie vor einem Hinweisschild zur »Partisanengefahr« von Welish nach Usswjat, im August 1941

ent genug umgesetzt würden. Letzteres zeigt das Beispiel des Stabes der 25. Infanteriedivision bei den Kämpfen um Rowno (im Nordwesten der Ukraine) 1941:

> Verschiedentliche Sabotagefälle wurden, im Einvernehmen mit der Ortskommandantur, durch rigorose Maßnahmen im Keime erstickt. So wurden als Sühne für einen im Judenviertel angeschossenen Unteroffizier 150 Juden standrechtlich erschossen und die in Frage kommenden Häuser in die Luft gesprengt. Versuche einzelner Unteroffiziere, Sabotagefälle, die zum Teil sogar nur eingebildet waren, selbst zu ahnden, wurden dagegen sofort energisch unterbunden.

Während die Wehrmachtführung also regelte, dass nur Offiziere darüber urteilen durften, wann es sich um Willkür und wann um die Befolgung des *Kriegsgerichtsbarkeitserlasses* handelte, erinnerten andere Vorgesetzten ihre unterstellten Einheiten, sofern jene Festgenommene der Wehrmachtjustiz zuführen wollten: »Jede Verhaftung von Zivilisten und deren Rückführung hat zu unterbleiben.«

Beide Vorgänge belegen, dass die Frontverbände den *Kriegsgerichtsbarkeitserlass* genau nahmen. Nur in seltenen Ausnahmen schwächte die militärische Führung die einschlägigen Bestimmungen zumindest ein wenig ab. In der Regel verschärfte man hingegen Tonart wie Maßnahmen, zumal nach dem Scheitern des »Blitzkrieges« an der Jahreswende 1941/42, wie das Beispiel der 4. Panzerdivision belegt:

> Gegenüber dem bolschewistischen Untermenschentum gibt es keine Gnade, auch nicht für Weiber und Kinder. Partisanen und Mitwisser an den nächsten Baum!

Der durchaus unterschiedliche Umgang der Kriegsgerichte mit auch weiterhin widerrechtlichem Verhalten, also Delikten aus Eigennutz oder Eigensucht wie Raub, Diebstahl oder Vergewaltigung, beweist, dass es sich schwerlich um einen kollektiven Verlust des Verständnisses von Recht und Unrecht gehandelt hat. Aus Urteilen wie dem gegen einen Feldgendarmen, in dem zwar festgestellt wurde, dass er »aus nichtigen Gründen eine Russin erschossen hatte«, das Verfahren aber »wegen Geringfügigkeit« eingestellt wurde, geht im Gegenteil hervor, dass der Vernichtungskrieg allgemein akzeptiert war. Das Gros der Wehrmacht führte Hitlers verbrecherischen Feldzug in aller Konsequenz durch und provozierte damit einen Partisanenkrieg, durch den sich die Gewalt vervielfachte.

Jedoch war bereits sein Ursprung denkbar verbrecherisch gewesen; die brutale deutsche Invasion und Besatzungspolitik mit ihrer rücksichtslosen Ausplünderung und Terrorisierung der Bevölkerung taten ein Übriges. Von der Planung bis zur Durchführung der Maßnahmen herrschte weitgehende Übereinstimmung zwischen politischer und militärischer Führung, die auch bis hinunter zum einfachen Soldaten reichte. Der deutsche Landser, der sich Angriffen aus dem Hinterhalt gegenübersah, glaubte sich wohl im Recht, dagegen hart vorzugehen. Solchen emotional mitunter nachvollziehbaren Regungen müssen rechtliche Grenzen vorgeschoben werden, deren Wahrung den Vorgesetzten obliegt, doch das spielte bei den Feldzügen im Osten keine Rolle. Gerade die Tatsache, dass auf anderen Kriegsschauplätzen geltende kriegs- und völkerrechtliche Bestimmungen zumindest deutlich öfter eingehalten wurden, spricht dafür, dass der Wehrmacht die eigene verbrecherische Kriegführung im Osten bewusst war – und dass sie ihr allgemein zustimmte.

Im Gegensatz zur Vernichtung der Juden, die ein erklärtes Ziel der deutschen Kriegführung war, bestand für die Soldaten bei den Übergriffen auf die Zivilbevölkerung ein Handlungsspielraum. Doch dieser wurde regelmäßig jedenfalls nicht zur Milde ausgenutzt, sondern rechtfertigte im Gegenteil die schlimmsten Exzesse, wie es der Befehl des Wehrmachtbefehlshabers im Reichskommissariat Ukraine, General der Flieger Karl Kitzinger, für den Kampf gegen Partisanen vom 26. Juni 1942 ausdrückt: dass »bei einem Zweifel hinsichtlich der Wahl der zu treffenden Maßnahmen das härtere Verfahren das richtige« sei.

Obwohl sich die Partisanentätigkeit erst ab 1942 zu einer ernsthaften Bedrohung vor allem der zunehmend überdehnten deutschen Versorgungslinien entwickelte, sind bereits aus dem Herbst 1941 Beispiele einer Befehlsgebung dokumentiert, die militärische und rassenideologische Zielsetzungen miteinander verwob. Seinerzeit warnten die Oberbefehlshaber der Heeresgruppe Süd sowie der ihr unterstellten 11. und 17. Armee, Generalfeldmarschall Walter von Reichenau, General der Infanterie Erich von Manstein und Generaloberst Hermann Hoth, vor »heimtückische[n], grausame[n] Partisanen und entartete[n] Weiber[n]« sowie »missverstandene[r] Menschlichkeit«. Am 17. November 1941 forderte Hoth seine Soldaten auf,

> kein Mitleid oder Weichheit gegenüber der Bevölkerung zu zeigen, keine Sorglosigkeit und Gutmütigkeit gegenüber Partisanen, dafür aber Herrentum und NS-Weltanschauung, gesunde Gefühle des Hasses und der Überlegenheit sowie Verständnis für die erbarmungslose Ausrottung von Kommunisten und Juden.

Kommunisten, Juden, Partisanen, Männer, Frauen und Kinder – für die Kriegführung der Wehrmacht in der Sowjetunion sowie ihre Unterstützung der Einsatzgruppen, bei denen der Völkermord im Zentrum ihres Handelns stand, waren derartige Unterscheidungen belanglos.

Es war also keine Folgeerscheinung des Partisanenkampfes, sondern eine Weiterentwicklung des eigenen *Kriegsgerichtsbarkeitserlasses*, wenn OKW-Chef Keitel den Verbänden im Osten betreffend der »Bandenbekämpfung« im Auftrag Hitlers im Dezember 1942 befahl:

Offizier mit Erschießungskommando bei der Exekution von Männern, September 1941

> Die Truppe ist daher berechtigt und verpflichtet, in diesem Kampf ohne Einschränkung auch gegen Frauen und Kinder jedes Mittel anzuwenden, wenn es nur zum Erfolg führt. [...] Kein in der Bandenbekämpfung angesetzter Deutscher darf wegen seines Verhaltens im Kampf gegen die Banden und ihre Mitläufer disziplinarisch oder kriegsgerichtlich zur Rechenschaft gezogen werden.

Von da an durfte jeder Deutsche im Osten tun oder lassen, was ihm beliebte, ohne Gefahr zu laufen, sich in irgendeiner Form dafür rechtfertigen zu müssen. Nicht einmal die an sich absurde Beschränkung, dass Todesurteile nur von Offizieren ausgesprochen werden sollten, besaß noch Gültigkeit. Dass diese absolute Terrorisierung die Bevölkerung erst recht in die Arme der Partisanen trieb, liegt auf der Hand. Es nimmt daher nicht wunder, dass es der deutschen Besatzungsherrschaft trotz aller barbarischer Gewaltanwendung nicht gelang, die eroberten Gebiete zu sichern. Doch ihr endgültiges Ziel war ohnehin nicht die Befriedung, sondern der Völkermord. Der Kampf gegen die Partisanen diente nur als Vorwand. Schon 1942 lehnte Hitler die Initiative einiger Kommandeure ab, die Maßnahmen weniger rigoros zu gestalten – freilich ging es jenen dabei lediglich darum, den gegnerischen Widerstand zu schwächen.

Massaker an der Zivilbevölkerung

Der Freibrief, den die militärische Führung ihren Soldaten ausstellte, setzte eine von allen moralischen und rechtlichen Schranken entgrenzte Kriegführung in Gang. Daran beteiligten sich freilich nicht alle Wehrmachtangehörigen. Abgesehen von der individuellen charakterlichen Festigkeit war dies nicht zuletzt den Umständen geschuldet, in denen sich der einzelne Soldat im Verlauf des Krieges wiederfand. So beteiligten sich einige willentlich an Gewaltexzessen und handelten aus Überzeugung. Andere fanden nicht den Mut, sich von offensichtlich verbrecherischen Aktionen fernzuhalten, und zogen sich auf den Befehlsnotstand zurück. Und vielen Soldaten dürfte all das schlichtweg gleichgültig gewesen sein, zumal sie infolge der Dauer des Krieges angesichts der permanenten Gewalterfahrung über einen derart langen Zeitraum hinweg sicherlich auch abgestumpft waren.

In der Regel waren also die Gründe recht unterschiedlich, warum sich deutsche Soldaten an Kriegsverbrechen beteiligten, selbst welche begingen oder sich in solche hineinziehen ließen. Das schmälert freilich nicht ihre persönliche Schuld, insbesondere nicht an den Massakern an Zivilisten. Letztere wurden derart zahlreich und flächendeckend durchgeführt, dass nur eine Auswahl erwähnt werden kann, um die verschiedenen Beteiligungsgrade von Wehrmachtsoldaten abzubilden.

Das umfangreichste Einzelmassaker unter Beteiligung der Wehrmacht fand in der Schlucht Babyn Jar nahe der ukrainischen Hauptstadt Kiew statt, wo am 29. und 30. September 1941 mindestens 33771 jüdische Männer, Frauen und Kinder von Angehörigen der Einsatzgruppe C erschossen wurden. Letztere war zusammen mit Verbänden der 6. Armee am 19. September in die Stadt einmarschiert. Nachdem Hunderte von Wehrmachtsoldaten sowie Einwohnerinnen und Einwohner offenbar Spreng- und Brandanschlägen der sowjetischen Geheimpolizei zum Opfer gefallen waren, beschloss der Stadtkommandant, Generalmajor Kurt Eberhard, zusammen mit SS-Verantwortlichen am 27. Sep-

Von der Erschießung der Kiewer Juden in Babyn Jar Ende September 1941, der der Stadtkommandant, Generalmajor Kurt Eberhard, und sein Vorgesetzter, General Hans Obstfelder, zustimmten, existieren keine Fotos. Das Foto des PK-Fotografen Johannes Hähle stammt aus den ersten Oktobertagen 1941. Es zeigt unzählige Kleidungsstücke der Opfer, die sich vor der Exekution entkleiden mussten.

tember, die noch verbliebenen rund 50 000 Juden dafür verantwortlich zu machen und zu ermorden. Dabei handelte es sich vornehmlich um ältere Männer, Frauen und Kinder. Das Gros der rund 220 000 Personen zählenden jüdischen Gemeinde Kiews war geflohen oder diente in der Roten Armee. Eberhards Oberbefehlshaber, Generalfeldmarschall von Reichenau, bestätigte auf die entsprechende Meldung hin: »Wehrmacht begrüßt Maßnahmen und erbittet radikales Vorgehen.«

Indem man die Aktion als Evakuierung ausgab, führte man die jüdische Bevölkerung in Gruppen in die Schlucht. Dort mussten sich die Menschen ausziehen und ihre Habseligkeiten zurücklassen, bevor sie mit Maschinengewehren und -pistolen erschossen wurden. Zuvor kam es noch zu sexuellen Übergriffen bis hin zu Vergewaltigungen. Zum Abtransport der Kleider und Habseligkeiten, die man der NS-Volkswohlfahrt übergab, brauchte es anschließend fast 140 Lkw. Im Zuge weiterer Erschießungen wurden bis zum 12. Oktober 1941 insgesamt etwa 51 000 Menschen umgebracht. Zu den Opfern gehörten auch Roma, psychisch Kranke und angebliche politische Gegner. Neben der Wehrmacht und dem Sonderkommando 4a der Einsatzgruppe C waren für die Aktion Angehörige der Geheimen Feldpolizei, des Polizeibataillons 314 der Ordnungspolizei sowie ukrainische Milizen verantwortlich. Die Wehrmacht beteiligte sich zwar nicht an den Erschießungen, sicherte aber die gesamte Aktion militärisch, kümmerte sich um die Logistik und half anschließend beim Beseitigen der Spuren, indem ihre Pioniere die Ränder der Schlucht sprengten. Dabei wurden noch lebende Opfer unter den Trümmern begraben.

Angriffe auf Wehrmachtsoldaten oder deren Verbündete schoben die Verantwortlichen auf deutscher Seite gerne als Anlass für sodann verübte Massaker vor. Beispielsweise waren schon am 19. September 1941 3145 jüdische Männer, Frauen und Kinder im ukrainischen Schytomyr, circa 140 Kilometer westlich von Kiew, erschossen worden. Auch dort regelte eine Absprache zwischen der zuständigen Feldkommandantur der Wehrmacht mit SS und Polizei die Mordaktion.

Die Aufforderung zur Komplizenschaft im Verbrechen konnte allerdings auch von Wehrmachtbefehlshabern ausgehen, etwa im Falle der ukrainischen Hafenstadt Simferopol, seinerzeit bereits die größte Stadt auf der Halbinsel Krim. Sie wurde am 1. November 1941 von Truppen der 11. Armee unter General der Infanterie Erich von Manstein eingenommen. Manstein galt nicht nur als der begabteste Operateur der Wehrmacht, er erwies sich auch als williger Weltanschauungskrieger. Seine Ortskommandantur unter Hauptmann Kleiner plante bereits in den ersten Novembertagen die Ermordung der in Simferopol lebenden Roma und Juden, zu denen auch Krimtschaken gehörten, eine dort ansässige turksprachige Minderheit jüdischen Glaubens. Weil das dafür zuständige Sonderkommando 11b der Einsatzgruppe D nicht über ausreichend Männer und Logistik verfügte, hatte die Einsatzgruppe das Vorhaben auf den März 1942 verschoben. Manstein drängte jedoch auf eine möglichst schnelle Liquidierung. Er wollte weiter angreifen, und die Ernährungslage auch in seinem Frontabschnitt war desolat. Mögliche Hungeraufstände bewertete er als Gefahr für seine Operationsführung, also sollten möglichst viele Esser umgebracht werden. In einem Tagesbefehl vom 20. November 1941 an seine Truppen forderte er unmissverständlich:

> Für die Notwendigkeit der harten Sühne am Judentum, dem geistigen Träger des bolschewistischen Terrors, muss der Soldat Verständnis aufbringen. Sie ist auch notwendig, um alle Erhebungen, die meist von Juden angezettelt werden, im Keime zu ersticken.

In seinem Befehl machte Manstein keinen Hehl daraus, dass es ihm dabei auch um die schlechte Ernährungslage ging: An »Gefangene und Bevölkerung« dürfe nichts »aus missverstandener Menschlichkeit« abgegeben werden. Einerseits deutet dieses Zitat darauf hin, dass es offenbar Soldaten gab, die Lebensmittel an die Bevölkerung weiterreichten, andererseits wurde ihnen offensichtlich vermittelt, dass der Massenmord an Juden ein ebenso selbstverständlicher Teil des Krieges war wie die dazu notwendigen Hilfestellungen der Armee.

Weil Manstein forderte, die Liquidierung müsse bis Weihnachten erledigt sein, und nachdem die 11. Armee dem Sonderkommando 11b umfangreiche Unterstützung (Lkw mit Fahrern, Treibstoff, Munition und Feldgendarme sowie Angehörige der Geheimen Feldpolizei 647) zugesagt hatte, fiel am 6. Dezember 1941 der Entschluss zum umgehenden Massenmord. Drei Tage später brachte man die Krimtschaken per Lkw zu einem Panzergraben einige Kilometer außerhalb der Stadt und erschoss sie dort; vom 11. bis 13. Dezember folgten Juden und Roma. Wie viele Menschen diesem Massaker zum Opfer fielen, ist nicht gänzlich geklärt. Die Forschung geht von rund 13 000 Männern, Frauen und Kindern aus, darunter 10 600 Juden, 1500 Krimtschaken und zwischen 600 und 1000 Roma.

Erich von Manstein (1887–1973)

Und das war nur der Auftakt zu weiteren Mordaktionen auf der Krim: Nachdem die Wehrmacht die Halbinsel besetzt hatte, brachte man alle dort ansässigen etwa 35 000 Juden und 3000 Krimtschaken um.

Eine junge Mutter mit ihren beiden Kindern vor der Erschießung. Am 16. Oktober wurden in Lubny, östlich von Kiew, 1865 Juden durch das Sonderkommando 4a erschossen. Die Ortskommandantur der Wehrmacht beschlagnahmte das Eigentum.

Von den Roma überlebten rund 30 Prozent, weil sie von ihren muslimischen Glaubensbrüdern geschützt wurden. Den beteiligten Wehrmachtsoldaten war dabei durchaus bewusst, was sie taten. Nach dem Krieg sagte der seinerzeit in Simferopol stationierte Gefreite Johann Gaffel eidesstattlich aus:

> Eine Reihe meiner Kameraden billigte sie, andere waren darüber empört. Meine Offiziere diskutierten die Erschießungen in ihren Kasinos und die russischen Zivilisten, mit denen ich in Berührung kam, wussten ebenfalls über die Erschießungen Bescheid.

Die Zusammenarbeit zwischen der Wehrmacht und den Mörderbanden des NS-Regimes geschah also flächendeckend, regelmäßig und reibungsfrei. Auch wenn bei diesen umfassenden Massakern der Anteil von Soldaten in den Erschießungskommandos bei Weitem geringer war als jener anderer Schergen, gab es sie doch. Zudem waren die Mordaktionen überhaupt nur möglich, weil die Wehrmacht zuvor die jeweiligen Gebiete erobert hatte, um sie dann den Einsatzgruppen zu übergeben und jene wenigstens logistisch zu unterstützen. Auch diese Arbeitsteilung war schon seit dem Überfall auf Polen eingeübt: Nachdem Verbände der 7. Infanteriedivision am 15. September 1939 die Stadt Przemyśl am Fluss San eingenommen hatten, trieb man die jüdische Bevölkerung zusammen. Einsatzgruppenangehörige ermordeten daraufhin bis zum 19. September etwa 600 Menschen. Da der San nach dem geheimen Zusatzprotokoll zum deutsch-sowjetischen Nichtangriffspakt vom 23. August 1939 die Demarkationslinie zwischen den beiden bildete, übergab die Wehrmacht Przemyśl am 28. September 1939 an die Rote Armee. Vorher brannte man aber noch beide Synagogen der Stadt nieder.

Deutsche Soldaten begingen also durchaus selbständig und von Beginn an Kriegsverbrechen, auch indem sie gefangene Gegner ermordeten, wie beispielsweise schon im Nachgang eines Waldgefechtes mit polnischen Truppen beim Dorf Ciepelów, 80 Kilometer westlich von Lublin, am 8. September 1939. Der dort verantwortliche deutsche Regimentskommandeur, Oberstleutnant Walter Wessel, befahl, von den 450 gefangenen polnischen Soldaten 250 zu ermorden. Sie mussten sich entkleiden und wurden mit Maschinenpistolen niedergemacht. Ein knappes Jahr später erhielt Wessel, der noch bis zum Generalleutnant aufsteigen sollte, das Ritterkreuz, 1942 sogar das Eichenlaub dazu.

Soldatische Tapferkeit und Täterschaft im Vernichtungskrieg schlossen einander also ebenso wenig aus wie Täterschaft und tiefgreifende militärische Sozialisierung, wie das Beispiel von Gustav Freiherr von Mauchenheim genannt Bechtolsheim beweist: Der 1889 geborene, einer adligen Familie entstammende Sohn eines Generalmajors trat 1907 in die bayerische Armee ein. Im Ersten Weltkrieg stieg er bis zum Hauptmann auf. Anschließend wurde Bechtolsheim in die Reichswehr übernommen, schied zunächst Anfang der 1930er Jahre aus dem Militärdienst aus, ließ sich im Zuge der deutschen Aufrüstung 1936 jedoch als Oberst reaktivieren. Den Beginn des Zweiten Weltkrieges und den Westfeldzug erlebte er als Kommandeur eines zur Sicherung der deutsch-französischen Grenze eingesetzten Regimentes. Nachdem er im Mai 1941 zum Kommandeur der 707. Infanteriedivision und General-

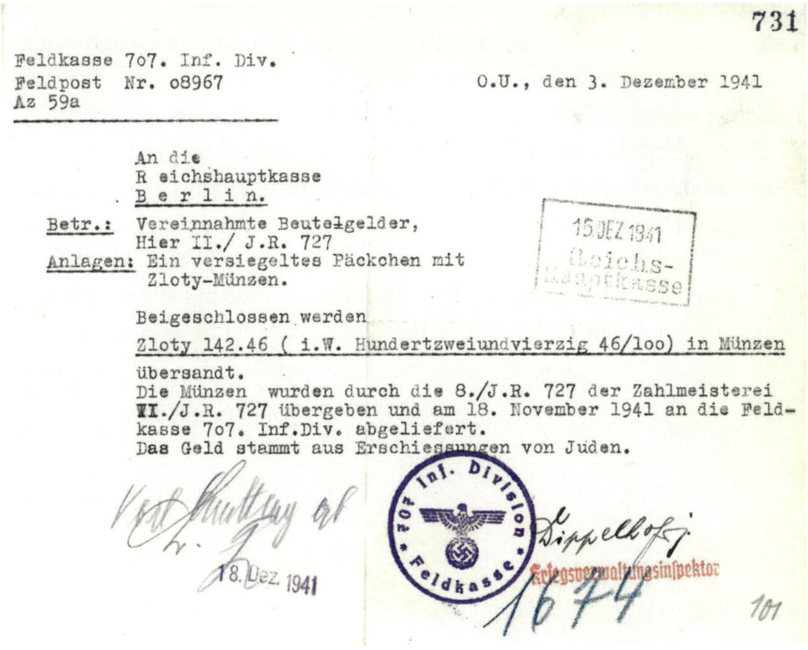
731

Feldkasse 7o7. Inf. Div.
Feldpost Nr. o8967
Az 59a

O.U., den 3. Dezember 1941

An die
R eichshauptkasse
B e r l i n.

Betr.: Vereinnahmte Beutegelder,
Hier II./ J.R. 727
Anlagen: Ein versiegeltes Päckchen mit
Zloty-Münzen.

15.DEZ 1941
Reichs-
hauptkasse

Beigeschlossen werden
Zloty 142.46 (i.W. Hundertzweiundvierzig 46/1oo) in Münzen
übersandt.
Die Münzen wurden durch die 8./J.R. 727 der Zahlmeisterei
II./J.R. 727 übergeben und am 18. November 1941 an die Feldkasse 7o7. Inf.Div. abgeliefert.
Das Geld stammt aus Erschiessungen von Juden.

18. Dez. 1941

707. Inf. Division Feldkasse

Kriegsverwaltungsinspektor
1674
101

»Das Geld stammt aus Erschiessungen von Juden«. Vermerk auf einem Einzahlungsbeleg für die Reichshauptkasse Berlin vom 3. Dezember 1941.

major ernannt worden war, übernahm Bechtolsheim mit seinen Truppen ab August 1941 Sicherungsaufgaben im Hinterland der Ostfront, zunächst beim Wehrmachtbefehlshaber im Reichskommissariat Ostland, dann im rückwärtigen Gebiet der Heeresgruppe Mitte.

Dort wütete er mit seiner Division in einer selbst für einen Wehrmachtverband damals beispiellosen Weise. Laut einem von ihm herausgegebenen Lagebericht vom 19. Oktober 1941 waren Juden »keine Menschen mehr im europäischen Kultursinn, sondern von Jugend auf zu Verbrechern erzogene und von Jugend auf geschulte Bestien. Bestien aber müssen vernichtet werden«. Im Unterschied zu anderen Wehrmachtverbänden führte er in seinem Verantwortungsbereich einen selbständigen Vernichtungskrieg. Seine Männer ermordeten Juden, »Zigeuner« und »sonstiges Gesindel«, zu dem Bechtolsheim auch Zivilisten zählte, die willkürlich der Unterstützung von Partisanen verdächtigt wurden. Etwa 19 000 Menschen verloren schon bis Oktober 1941 ihr Leben, bis zu seiner Ablösung im Februar 1943 werden seine Opfer auf mehrere Zehntausend geschätzt. Obwohl er sich wiederholt um ein neuerliches Kommando bemühte, hat man ihn bis zum Kriegsende wegen Nichteignung nur noch im Heimatkriegsgebiet verwendet. Seine ehemalige Division wurde in Kämpfen mit der Roten Armee 1944 vernichtet, die wenigen Überlebenden gerieten in sowjetische Gefangenschaft.

Bechtolsheim selbst starb 1969 in Nonnenhorn am Bodensee. Eine Beteiligung an Judenermordungen hat er nach dem Krieg bestritten. Dieses Beispiel zeigt, wie sich Wehrmachtverbände in das mörderische Unwesen der Einsatzgruppen sowie anderer Besatzungsorganisationen einpassten und sich auch unmittelbar am Holocaust beteiligten.

➚ Das ehemalige Vernichtungslager Auschwitz-Birkenau am 17. Februar 1999

5 Ohne Front kein Morden hinter der Front – Systematische Vernichtung

Die Vernichtungslager

Schon seit der Machtübernahme setzten die Nationalsozialisten ihre Pläne zur Verfolgung der jüdischen Bevölkerung um. Der Ausgrenzung und Stigmatisierung folgten im Deutschen Reich rasch Entrechtung, Enteignung und physische Verfolgung, die mit der Erweiterung zum »Großdeutschen Reich« auf die Bewohnerinnen und Bewohner der annektierten Gebiete ausgedehnt wurden. Im Zuge der gewaltsamen Expansion des deutschen Machtbereiches in der ersten Hälfte des Zweiten Weltkrieges trugen Wehrmacht und NS-Organisationen die Verfolgung in fast alle europäischen Länder hinein.

Spätestens mit den Eroberungen im Osten Europas rückte die physische Vernichtung der Juden ins Zentrum der kruden Rassenideologie, die schließlich mit der mörderischen Planung der »Endlösung der Judenfrage« auf der sogenannten Wannseekonferenz am 20. Januar 1942

Das Wort ›**Holocaust**‹ kommt aus dem Griechischen und bedeutet ›völlig verbrannt‹. In der Antike bezog es sich auf eine Brandopferung von Tieren. Spätestens seit der Ausstrahlung der gleichnamigen US-Serie 1979 wird der Begriff verwendet, um die Ermordung der europäischen Juden in der Zeit des Nationalsozialismus zu bezeichnen. Fast gleichrangig wird auch der hebräische Begriff ›Schoah‹ (›große Katastrophe‹) benutzt. Beide Begriffe sind umstritten. Angesichts der gezielten, unvorstellbar grausamen und auch mit industriellen Methoden durchgeführten Vernichtung der jüdischen Bevölkerung erscheint es unmöglich, dieses Verbrechen in einem Wort zu beschreiben.

Seit 1933 grenzte das NS-Regime jüdische Mitbürger aus, entrechtete und misshandelte sie immer öfter öffentlich. Viele Menschen beteiligten sich daran, noch mehr schauten einfach weg. Nach Beginn des Krieges weitete sich die Verfolgung der Juden auf den von NS-Deutschland beherrschten Machtbereich aus. Juden, aber auch andere Bevölkerungsgruppen wie Sinti und Roma, Homosexuelle oder politisch Andersdenkende wurden verhaftet und in sogenannte Konzentrationslager gebracht. Nachdem SS, SD und Einsatzgruppen bis Ende 1941 auch unter Beteiligung der Wehrmacht bereits circa 900 000 Juden im Osten und auf dem Balkan ermordet hatten, planten hochrangige Vertreter der Regierung und der SS auf der sogenannten Wannseekonferenz im Januar 1942 die zuvor beschlossene Vernichtung der jüdischen Bevölkerung in Europa.

Sechs Millionen jüdische Männer, Frauen und Kinder fielen dem Völkermord des NS-Regimes zum Opfer. Nur wenige überlebten. Nur sehr wenige Täter wurden nach 1945 bestraft. Zwar gab es in manchen Ländern Europas antisemitistische Ressentiments oder Ausschreitungen, doch nur im natio-

in die zentral gelenkte Vernichtung allen jüdischen Lebens im deutschen Herrschaftsbereich mündete. Ob der Holocaust bereits mit dem Überfall auf Polen begann oder erst mit dem auf die Sowjetunion, wird in der Forschung kontrovers diskutiert. Jedenfalls war die Ermordung der europäischen Juden allerspätestens seit der Wannseekonferenz erklärtes Ziel des Regimes. Eingebettet in den Völkermord in der Sowjetunion und ergänzt um den Porajmos, die Vernichtung der Roma, stellte der Holocaust eine ganz neue Dimension von Menschheitsverbrechen dar.

Das Standfoto aus dem Filmmaterial des sowjetischen Soldaten Alexander Woronzow zeigt eine Gruppe überlebender Kinder nach der Befreiung des KZ Auschwitz am 27. Januar 1945.

nalsozialistischen Deutschland kam es zu diesem beispiellosen »industriellen Massenmord«.
Wie in zahlreichen Ländern der Welt ist der 27. Januar seit 1996 auch in Deutschland offizieller Gedenktag zur Erinnerung an die Opfer des Nationalsozialismus. Der Tag, an dem die Rote Armee 1945 das Konzentrationslager Auschwitz befreite, erinnert an das, was Deutsche ihren Mitmenschen angetan haben.

Zwar regte sich gegenüber den Mordzügen der vor dem Überfall auf Polen eigens gebildeten Einsatzgruppen immerhin noch mancherorts Kritik von einzelnen militärischen Befehlshabern, doch ab dem Überfall auf die Sowjetunion war davon nichts mehr zu spüren. Aktionen in bis dahin unvorstellbaren Ausmaßen lösten die in Polen noch vergleichsweise kontrollierten Morde ab. Zielte dort die erste Terrorwelle im September und Oktober 1939 noch in erster Linie auf die Auslöschung der polnischen Intelligenz, der auch etwa 7000 jüdische Polen zum Opfer fielen, wurde die Vernichtung beim »Unternehmen Barbarossa« schrankenlos betrieben – was umgekehrt auch die besetzten polnischen Gebiete betraf.

Das mit dem »Unternehmen Barbarossa« verbundene umfassende Töten hatte auch Rückwirkungen auf die ohnehin schon brutale Besatzungspolitik in den besetzten polnischen Gebieten. Bereits bis zum März 1941 waren allein aus dem Warthegau mindestens 280 000, vielleicht sogar bis zu 650 000 sogenannte ethnische Polen und Juden unter unmenschlichen Bedingungen ins Generalgouvernement deportiert worden. Ihr Leben endete in der Regel in den dortigen Vernichtungslagern. Für die nicht deportierten Juden wurden vor Ort Ghettos errichtet.

Das größte befand sich im in Litzmannstadt umbenannten Łódź; darin lebten rund 160 000 Menschen. Nach seiner Auflösung 1944 wurden die noch Lebenden in den Vernichtungslagern Kulmhof (Chełmno) und Auschwitz ermordet, einige wenige zur Zwangsarbeit ins Reich deportiert. Kulmhof war bereits im Dezember 1941 eingerichtet worden. Dort brachte man zunächst Tausende psychisch Kranker in Gaswagen um. Nachdem es 1943 zwischenzeitlich geschlossen gewesen war, wurde es 1944 eigens zur Ermordung der Überlebenden des Łódźer Ghettos reaktiviert. Schätzungsweise 150 000 Menschen fanden dort den Tod.

Auch die anderen überall in den eroberten Gebieten eingerichteten Ghettos wurden zwischen Juli 1942 und Oktober 1943 im Rahmen der »Aktion Reinhardt« aufgelöst, um sich der »unnötigen Esser« zu entledigen und sie zu berauben. Die noch lebenden 1,6–1,8 Millionen polnischen Juden sowie etwa 50 000 Roma ermordete man anschließend in den zwischen März und Juli 1942 eigens dafür errichteten Vernichtungslagern Bełżec, Treblinka und Sobibór. Daraus zog das Deutsche Reich einen beträchtlichen wirtschaftlichen Gewinn: Den Opfern hatte man zuvor Geld, Schmuck, Edelmetalle, Stoffe, Immobilien und andere Dinge im Wert von fast 180 Millionen Reichsmark geraubt. Etliche Täter bereicherten sich persönlich und versorgten ihre Familien, Angehörige und Freunde mit Geschenken aus diesem Raub. Sie stammten aus den Reihen der SS und Polizei, verstärkt um circa 1000 ukrainische und litauische »Hilfswillige«. Auch diese Aktionen unterstützte die Wehrmacht vor allem logistisch durch Transporte, Unterbringung und allgemeine Versorgung.

Auslöser dieser weiteren Eskalation des Mordens waren die Ergebnisse der sogenannten Wannseekonferenz vom 20. Januar 1942 in Berlin gewesen. Dort trafen sich 15 hochrangige Vertreter aus Behörden der Reichsregierung – vom Reichsministerium für die besetzten Ostgebiete über das Reichsjustizministerium bis hin zum Auswärtigen Amt – sowie der SS unter dem Vorsitz des Chefs der Sipo und des SD, SS-Obergruppenführer Reinhard Heydrich. Jener war bereits am 31. Juli 1941 von Hermann Göring mit der Organisation der »Endlösung der Judenfrage« beauftragt worden. Bei dieser Konferenz wollte er die beschlossene Vernichtung der europäischen jüdischen Bevölkerung durchplanen, weil die bisher praktizierten Mordarten dem Regime nicht effizient genug erschienen.

Kurz zuvor, im Dezember 1941, hatte man mit dem Bau reiner Vernichtungslager wie Bełżec, Treblinka und Sobibór begonnen bzw. rüstete man bestehende KZ wie Auschwitz, Kulmhof oder Majdanek zu Mordfabriken um. Außerdem entstanden im Sommer 1942 weitere Vernichtungsstätten, indem man feste Exekutionsorte bei den weißrussischen Dörfern Bronnaja Gora und Maly Trostinez einrichtete, wo bis Ende 1942 beziehungsweise bis 1944 mehr als 50 000 bzw. 40 000–

Auf dem Lagergelände von Auschwitz gefundene Dosen des Giftgases Zyklon B

60 000 Menschen umgebracht wurden. Dafür war gar keine Infrastruktur erforderlich. Die Deportierten wurden direkt aus den Viehwaggons, mit denen man sie dorthin transportiert hatte, heraus ermordet. Zu diesem Zweck hatte man zuvor die Einwohner der umliegenden Dörfer zum Ausheben von Gruben gezwungen. Nach der üblichen Ausplünderung der Todgeweihten bis auf die nackte Haut mussten diese über Leitern hinabklettern und sich mit dem Gesicht nach unten auf die Leichen der zuvor Ermordeten legen, ehe man auch sie erschoss. In Maly Trostinez wurden außerdem Gaswagen eingesetzt.

Das Gros der aus dem gesamten deutschen Machtbereich deportierten Juden wurde allerdings in die zwischen März und September 1942 eingerichteten Vernichtungslager transportiert. Sie lagen alle im eroberten Polen, dessen jüdischer Bevölkerungsanteil von rund zehn Prozent, etwa 3,35 Millionen Menschen, zu den ersten Opfern gehörte. Nur jeder Zehnte von ihnen sollte den Holocaust überleben. Im weiteren Verlauf wurden außerdem sowjetische Kriegsgefangene, Sinti und Roma sowie andere zu Gegnern erklärte Menschen in den Vernichtungslagern vergast, mussten sich zu Tode arbeiten, verhungerten, starben infolge der gewollt menschenfeindlichen Bedingungen, wurden von Wachmannschaften zu Tode gequält oder auf andere Weise umgebracht.

Die Vernichtungslager waren regelrechte Mordfabriken. Wurden in Kulmhof bereits ab Dezember 1941 die ersten polnischen Juden mit Motorabgasen ermordet – eine Tötungspraxis, die man zuvor im Rahmen der Euthanasiemorde bei psychisch Kranken und Behinderten angewandt hatte –, erprobte man im August/September 1942 an 850 sowjetischen Kriegsgefangenen die Wirkung des berüchtigten Zyklon B. Mit ihm hatte die SS schon im Herbst 1941 erste Versuche im Stammlager Auschwitz I an 600 sowjetischen Kriegsgefangenen und 250 kranken Häftlingen durchgeführt. Dabei handelte es sich um ein bereits 1922 entwickeltes Blausäuregas, das als Ungeziefervernichtungsmittel für die Durchgasung von Schiffen, Kühlhäusern und Massenunterkünften sowie für die Entlausung von Bekleidung eingesetzt wurde – auch von der Wehrmacht in ihren Lagern nach Kriegsbeginn.

Von 1942 an wurde Zyklon B insbesondere in Auschwitz-Birkenau verwendet, das sich zum größten Vernichtungslager Europas entwickelte. Dort wurden die Menschen, sofern sie die unmenschlichen

Opferzahlen des Holocaust

Land		Anzahl der jüdischen Opfer
Frankreich		76 000
Belgien		29 000
Jugoslawien		60 000 – 65 000
Albanien		600
Griechenland		60 000
Polen		2 350 000 – 3 000 000
Niederlande		102 000
Norwegen		800
Luxemburg		1 200
Dänemark		100
Bulgarien (besetzte Gebiete)		11 000
Rumänien		210 000
Ungarn		550 000
Deutsches Reich	(165 000 »Altreich«, 65 000 Österreich)	230 000
Tschechoslowakei		143 000
Italien		7 000
Sowjetunion		700 000 – 2 100 000
		ca. 5,3 Millionen bis 6,1 Millionen

Anmerkungen: Die Zahlenabweichungen ergeben sich durch die schwierige Quellenlage bei der Ermittlung der Opferzahlen vor allem in Polen und in der Sowjetunion. Hinzu kommt, dass die geographische Zuordnung der Opfer für das 1939 von der Sowjetunion besetzte polnische Gebiet unklar ist. Bei manchen Zählungen werden sie Polen zugerechnet, bei anderen hingegen der Sowjetunion.

Quelle: W. Benz, Vorurteil und Genozid.

Transportbedingungen überlebt hatten, sofort selektiert. Die als nicht arbeitsfähig Eingestuften beraubte man ihrer Habseligkeiten und führte sie nach dem Entkleiden direkt in die Gaskammer. Ihr Todeskampf dauerte dort bis zu einer Viertelstunde. Anschließend verbrannte man ihre Leichen in den lagereigenen Krematorien – nachdem man den Toten ihre Goldzähne ausgebrochen und die Haare geschoren hatte. Etwa drei Millionen Männer, Frauen und Kinder sind durch Gas ermordet worden (ungefähr ein Drittel von ihnen mit Zyklon B, alle anderen durch Motorabgase oder Kohlenstoffmonoxid aus Gasflaschen). In manchen Lagern wurden die Menschen weiterhin erschossen, in Majdanek starben über die Hälfte an Hunger, Auszehrung oder Krankheiten.

Auch im Kontext des nationalsozialistischen Lagersystems engagierte sich die Wehrmacht, vor allem deren Luftwaffe, insbesondere im KZ Dachau, indem sie Menschenversuche durchführte. Man experimentierte mit Unterdruckkammern, Kälte und Meerwasser, um deren Auswirkungen auf die Überlebenschancen von Matrosen und Piloten zu testen oder Flugzeuge in größere Höhen zu bringen, setzte die Menschen Giftgas aus oder infizierte sie mit Seuchen. Zum Repertoire gehörten außerdem die Zufügung typischer Kriegswunden und deren Verunreinigung, um die medizinische Versorgung durch Medikamente oder Chirurgie zu erproben. Das Leiden der ›Probanden‹ zeichnete man detailliert auf und wertete es penibel aus. In einem eigens initiierten Ärzteprozess in Nürnberg 1946/47 hat man zwar 23 Verantwortliche angeklagt, darunter zehn Militärs. Von den Letztgenannten musste allerdings kaum einer länger als für wenige Jahre ins Gefängnis, die meisten wurden freigesprochen.

Beseitigung der Spuren und Todesmärsche

Das Ende der Lager begann allmählich mit der Kriegswende 1943 durch das Vordringen der Roten Armee nach der Schlacht um Stalingrad. Auf Befehl Himmlers eskalierte gleichzeitig die Mordmaschinerie, während man die ersten Lager zwischen Frühjahr und Herbst 1943 abriss und dabei die Spuren zu verwischen suchte. In Bełżec und Sobibór tarnte man die Tatorte, indem man dort Bauernhöfe aufbaute und Bäume pflanzte. An allen anderen Tötungsorten wurde so lange weitergemordet, bis die Rote Armee den deutschen Rückzug erzwang.

Explizit zur Beseitigung aller Spuren ordnete Himmler im Mai 1943 die »Enterdungsaktion« an: Sonderkommandos sollten die vergrabenen Leichen exhumieren und auf eine Art verbrennen, die eine Feststellung der Opferzahlen unmöglich machte. Darüber hatte man in den Reihen der SS bereits seit Anfang 1942 nachgedacht. Ausgangspunkt der Überlegungen bildeten zwar die Seuchengefahr und die Furcht, dass die Leichen das Grundwasser verunreinigen könnten. Ausdrücklich wollten die Verantwortlichen aber durch die Beseitigung der sterblichen Überreste auch verhindern, dass die nachfolgenden Generationen von den Ausmaßen der Verbrechen erfuhren. Das ist im Übrigen ein Beleg dafür, dass selbst in der SS ein Bewusstsein für Unrecht und Monstrosität der begangenen Taten vorhanden war.

In der Folge wurden Leichen ausgegraben und verbrannt, regelmäßig wurden auch Lagerkomplexe und Vernichtungsstätten zerstört. Sogar

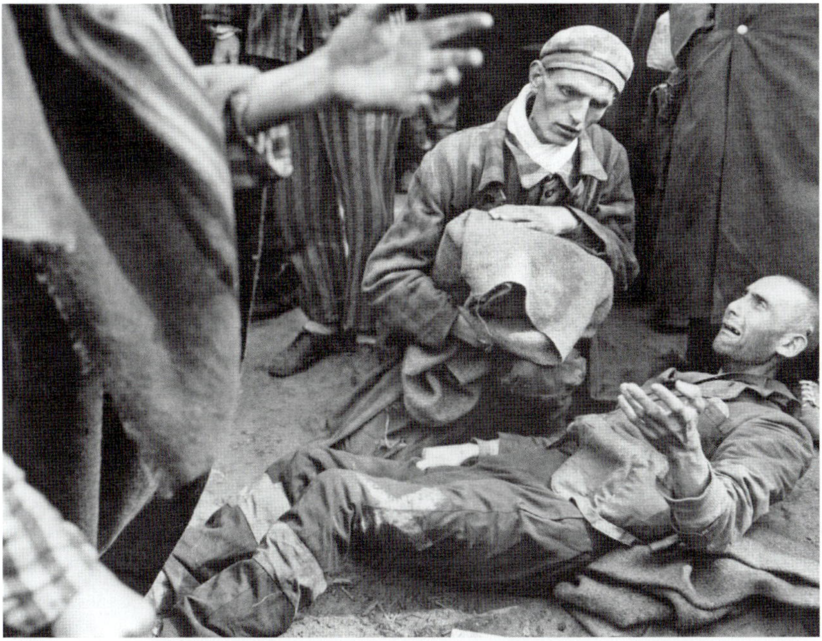

Bei der Befreiung des Lagers Majdanek finden sowjetische Truppen zurückgelassene Gefangene, Juli 1944.

das mussten in der Regel Häftlinge erledigen, die man dann freilich vor dem Abzug ebenfalls ermordete und verbrannte. Manche Lager mussten allerdings derart überhastet geräumt werden, dass nicht alle Spuren verwischt werden konnten. In Majdanek fand die vorrückende Rote Armee die Gaskammern und einen Großteil der Lagerbaracken unversehrt, auch trafen sie noch etwa 1000 zurückgelassene kranke sowjetische Kriegsgefangene an. Alle anderen Häftlinge hatte man mitgenommen und auf diesen buchstäblichen Todesmärschen weder versorgt noch ansonsten irgendwelche Rücksicht genommen. Wer nicht mehr mithalten konnte, wurde sofort ermordet; ein Interesse an ihrem Überleben bestand nicht.

In Kulmhof und Auschwitz mordete das Regime noch bis zum Jahreswechsel 1944/45 weiter. Dass man die in Auschwitz demontierten Verbrennungsöfen noch im KZ Mauthausen in der Nähe von Linz wiederaufbauen wollte, beweist, wie wenig man selbst zu diesem Zeitpunkt gewillt war, mit dem Morden aufzuhören. Die rund 7500 nicht mehr marschfähigen Häftlinge in Auschwitz wollte man offenbar noch vor Ort umbringen. Das rasche Vorrücken der Roten Armee, die das Lager am 27. Januar 1945 samt fast 6000 zurückgelassenen Insassen befreite – darunter etwa 4000 Frauen –, verhinderte dies offenbar; mehr als 300 Menschen fanden dabei dennoch den Tod. Alle anderen etwa 60 000 wurden auf einen Todesmarsch gezwungen, wie er in nahezu allen KZ am Kriegsende noch angeordnet worden ist.

Mahnmal des Bildhauers Hubertus von Pilgrim zum Gedenken an die Todesmärsche der Häftlinge aus dem KZ Dachau. Im Juli 1989 wurde das erste Denkmal in Gauting aufgestellt, danach wurden weitere Skulpturen auf den Routen der Todesmärsche eingeweiht. Das Bild zeigt das Denkmal in Bad Tölz im März 2014.

Dass es sich dabei um nichts anderes als die Fortsetzung der Vernichtungspraxis bis zur letzten Minute handelte, belegt das Beispiel des Massakers von Palmnicken, einem Dorf an der Ostsee etwa 40 Kilometer nordwestlich von Königsberg, am 27. Januar 1945. Dort waren Häftlinge aus dem KZ Stutthof auf ihrem Todesmarsch buchstäblich gestrandet. Von den über 11 000 Häftlingen, größtenteils jüdische Frauen aus Polen und Ungarn, waren noch etwa 3000 am Leben. Die SS-Wachmannschaften erschossen und erschlugen Dutzende von ihnen bereits im Dorf. Ihr eigentliches Vorhaben, die übrigen Häftlinge in einem Bergwerkstollen lebendig einzumauern, scheiterte wohl am Widerstand des Werksdirektors und des örtlichen Volkssturmkommandanten. Stattdessen trieben die SS-Wachmannschaften die Frauen unter Maschinengewehrfeuer in die eiskalte Ostsee. Als zehn Wochen später sowjetische Truppen den Tatort erreichten, lagen ihre Leichen noch immer am Strand. Nur 15 Frauen haben das Massaker überlebt.

Wie viele Menschen auf diesen Todesmärschen Hunger, Kälte, Erschöpfung, Krankheiten und gezielten Morden zum Opfer fielen oder zwischen die Fronten gerieten und in Kampfhandlungen umkamen, ist ungewiss. Schätzungen zufolge trifft das auf ungefähr ein Drittel der im Dezember 1944 registrierten 714 000 Gefangenen zu. Nirgendwo endete der Holocaust jedenfalls, ehe die Soldaten der Anti-Hitler-Koalition den Deutschen die Möglichkeit nahmen, ihn fortzuführen. Erst ihre Ankunft erzwang ein Ende des Mordens.

↗ Die Aufnahme des PK-Fotografen Gerhard Gronefeld dokumentiert die Hinrichtung serbischer Zivilisten am 22. April 1941 an der Friedhofsmauer von Pančevo.

6 Der Krieg an den anderen Fronten

Kriegführung, Besatzung und Verbrechen

Bis heute gilt insbesondere der Krieg im Osten als verbrecherischer Krieg. Dort wüteten SS, SD und zahllose Polizeibataillone, dort befanden sich die Todeslager, dort beging auch die Wehrmacht von Anfang an Verbrechen. Doch 1940/41 hatte die Wehrmacht auch weite Teile Nord-, West- und Südosteuropas in »Blitzfeldzügen« besetzt. Auf die Fronttruppen folgten als Besatzungsorgane Militärbefehlshaber, in manchen Gebieten aber auch zivile Reichskommissare wie in Norwegen und den Niederlanden. Teilweise stützten sich diese auf politische

Kollaborateure wie in Norwegen, Frankreich oder Griechenland. Jugoslawien hingegen wurde als Staat zerschlagen: Ungarn, das »Großdeutsche Reich«, Bulgarien sowie das neu entstandene Kroatien annektierten jene Gebiete Jugoslawiens, in denen Angehörige ihrer eigenen Bevölkerung lebten oder auf die man, wie etwa Italien, glaubte, historische Ansprüche zu haben. Massenvertreibungen – oft als »Umsiedlung« verharmlost –, die ethnisch »reine« Gebiete schaffen sollten, wurden dort ebenso zur Praxis wie im Osten Europas. Mit dem Fortgang des Krieges kam es auf dem Balkan zu weiteren territorialen Veränderungen, vor allem als Italien im September 1943 die Seiten wechselte und die Wehrmacht in die Besatzungsgebiete des ehemaligen Verbündeten einrückte.

Ein einheitliches Muster der Besatzungsherrschaft gab es nicht. Das vorrangige Ziel lautete: Sicherung und Ausbeutung des eroberten Gebiets mit möglichst geringen Kosten, gegebenenfalls noch Kollaboration mit den vor Ort ansässigen rechtsradikalen Kräften. Zu einer wirklichen Neuordnung Europas sollte es ungeachtet vielfältiger Pläne miteinander konkurrierender NS-Organisationen erst nach dem »Endsieg« kommen. Bei jeglicher Form der Besatzung kamen jedoch die gleichen Mittel wie im Osten zum Einsatz: SS, Polizei, Zivilverwaltung, Behörden zur wirtschaftlichen Ausbeutung und eben auch die Wehrmacht. Sie griff immer dann ein, wenn die lokalen Institutionen – Verwaltung und Polizei – sich weigerten oder auch einfach nicht in der Lage waren, die Forderungen der Besatzungsmacht zu erfüllen – oder wenn sich Widerstand regte.

Die Besatzung ging einher mit Plünderung und Ausbeutung, der ›Rekrutierung‹ von immer mehr Zwangsarbeitern, Geiselerschießungen und Partisanenkrieg sowie schließlich der Mittäterschaft beim Holocaust. Gedenkveranstaltungen in Italien, Griechenland oder Frankreich rufen diese Ereignisse immer wieder ins Gedächtnis. Das Ausmaß dieser Verbrechen und der deutschen Schuld waren jedoch regional unterschiedlich. Der Ostkrieg war zweifellos der blutigste Schauplatz. Während in Nord- und Westeuropa der Besatzungsalltag über lange Phasen auch von einer gewissen ›Normalität‹ geprägt war, waren Krieg und Besatzung in Italien und erst recht auf dem Balkan sehr viel härter.

Kriegführung und Verbrechen

Im Gegensatz zum Osten, wo NS-Regime und Wehrmacht eingegangene internationale Verpflichtungen bei der Kriegführung missachteten oder durch eigene Regeln sogar ausdrücklich außer Kraft setzten, haben beide im Westen zumindest immer den Anschein erhoben, diese einzuhalten. So schnell und erfolgreich die Wehrmacht auch den Westen Europas erobert hatte, so früh begingen einzelne Einheiten auch dort bereits im Frühjahr 1940 erhebliche Kriegsverbrechen. Diese erreichten zwar nicht die Ausmaße des Jahres 1914, als deutsche Soldaten als Reaktion auf die – vermeintlichen – Angriffe von »Franktireurs« (Freischärlern) mehrere Tausend Zivilisten erschossen hatten, oder während des Polenfeldzuges im Jahr zuvor. Gleichwohl ermordeten Angehörige der 225. und der 267. Infanteriedivision während des Westfeldzugs Ende Mai 1940 etwa 200 Zivilisten in Belgien und Nordfrankreich, weil sie glaubten, von Freischärlern beschossen worden zu sein.

Aber auch Soldaten französischer Kolonialtruppen wurden bald darauf Opfer von Massakern, galten sie doch als »rassisch minderwertig«. In der Nähe von Lyon ermordeten Soldaten des Infanterieregiments »Großdeutschland« 20 und wenig später Einheiten der 7. Panzerdivision eine unbekannte Zahl afrikanischer Soldaten, die in der französischen Armee dienten – die sogenannten *tirailleurs sénégalais*. Zahl und Umfang der Massaker waren zwar erheblich geringer als diejenigen, die SS-Verbände zur gleichen Zeit in Frankreich begingen; die Bereitschaft zu entgrenzter Gewalt gegenüber wehrlosen Zivilisten oder Kriegsgefangenen war jedoch auch bei weniger ideologisierten Wehrmachtverbänden vorhanden.

Dies belegen auch die Ereignisse auf Kreta während der »Operation Merkur« im Mai/Juni 1941. Gegen den heftigen Widerstand griechischer und britischer Truppen hatte die Wehrmacht die Insel unter großen Verlusten eingenommen. Inwieweit die Beteiligung der Bevölkerung am Kampf gegen die Invasoren völkerrechtlich zulässig war, ist umstritten. Der Preis, den sie dafür zahlte, war jedenfalls hoch: Auf ausdrücklichen Befehl von General Kurt Student kehrten die siegreichen Fallschirmjäger in die Ortschaften zurück, in denen sie beschossen oder Kameraden – teilweise – brutal ermordet worden waren, brannten diese nieder und »rotteten« die männliche Bevölkerung nach eigenem Ermessen und zur Abschreckung ohne jegliches Verfahren »aus«. Wie viele Menschen, darunter zahllose Frauen und Kinder, diesen Massakern in den Tagen der Besetzung zum Opfer fielen, ist unbekannt.

Brutal war die Kriegführung in Italien, nachdem das Land im Herbst 1943 die Seiten gewechselt hatte. Die Unterscheidung zwischen Zerstörungen infolge von Kampfhandlungen und »Terror« ist zwar nicht immer einfach; die Politik der Verbrannten Erde war aber ein wichtiges Mittel der Kriegführung, um die Alliierten aufzuhalten – koste es, was es wolle. Damit einher ging eine systematische Ausplünderung des Landes. Das »Land muss in den kommenden 14 Tagen vor allem hinsichtlich Fleisch (Rinder, auch Zugochsen, Schweine, Hühner, Hammel) und Gemüse vollkommen leergefressen sein«, hieß es einem Befehl des Chefs des Stabes des XIV. Panzerkorps, Oberst i. G. Bogislaw von Bonin, am 19. September 1943.

Am 2. Juni 1941 erschossen Fallschirmjäger Bewohner des Dorfes Kondomari auf Kreta. Zuvor wurde die Dorfbevölkerung zusammengetrieben.

Mehr als 21 000 Italienerinnen und Italiener wurden in diesen Wochen Opfer von »Greifaktionen«, die Arbeitskräfte für die Wehrmacht rekrutieren sollten. Viele Offiziere und Soldaten verletzten dabei zugleich bisher gültige soziale Tabus und Konventionen, wie zahlreiche Morde, Vergewaltigungen, Misshandlungen und Raubüberfälle belegen. Diese Taten, die individuelle Bedürfnisse befriedigten, wurden von den Vorgesetzten als Mittel zur Einschüchterung der Bevölkerung durchaus geduldet. Noch vor Ausbruch des offenen Partisanenkrieges gingen die Truppen auf Befehl Hitlers mit großer Härte gegen die zuvor mit ihnen verbündeten Soldaten vor: »Wer von diesen gegen den deutschen Soldaten kämpft, hat jedes Anrecht auf Schonung verloren und ist mit der Härte zu behandeln, die dem Gesindel gebührt, das plötzlich seine Waffen gegen seinen Freund wendet«, hieß es in einem zentralen Befehl vom September 1943 für Italien. Die Massaker an Tausenden italienischen Soldaten im besetzten Griechenland, an denen sich auch Einheiten der 1. Gebirgsdivision beteiligten, belegen, wie groß der Hass auf die ehemaligen Kameraden war.

Verbrechen geschahen auch in Frankreich im Sommer 1944 im Rahmen der Partisanenbekämpfung, beispielsweise im Zentralmassiv oder im Hochland des Vercors. Blutiger Höhepunkt war sicherlich der Marsch der 2. SS-Panzerdivision »Das Reich« an die Normandiefront im Juni 1944, in dessen Verlauf viele Einheiten Massaker in Oradour, Tulle und vielen anderen Orten begingen. Vor dem Abzug der Truppen ließ der SD – oft mit Unterstützung der Wehrmacht – alle politischen Gefangenen erschießen. Beim Rückzug aus Frankreich setzten viele Einheiten dann »gesteigerte verbrecherische Energien frei« (Peter Lieb).

Diese Entgrenzungen von Gewalt waren teils das Ergebnis einer lokalen Dynamik, teils das der Ideologisierung. Daneben gab es aber auch jene Gewalt, die das NS-Regime schlichtweg befohlen hatte: Sowohl der *Kommandobefehl*, der ungeachtet aller kriegsrechtlichen Regelungen die Erschießung aufgegriffener Angehöriger alliierter Kommandos vorsah, als auch der *Bandenbefehl*, der nicht nur im Osten gültig war, seien als Beispiele angeführt. Sie förderten die Gewaltexzesse.

Im Rahmen des größten Einsatzes gegen die Résistance im Juli 1944 auf dem Hochplateau des Vercors bei Grenoble töteten Wehrmachtsoldaten und SD-Angehörige allein in Vassieux-en-Vercors 72 Zivilisten und folterten gefangen genommene Widerstandskämpfer.

Plünderung und Ausbeutung

Einmarsch und Besetzung brachten nicht nur den Krieg in die jeweiligen Länder Europas; sie waren auch der Beginn einer systematischen Ausbeutung. Die Formen waren höchst unterschiedlich. Manche Soldaten plünderten trotz zahlreicher Gegenbefehle Geschäfte und Privathaushalte, andere erzwangen Billigverkäufe: »Zunächst ›stürmt‹ man die Warenhäuser […] Jeder hat etwas zu kaufen für die Lieben in der Heimat«, schrieb ein Unteroffizier im Dezember 1940 aus Paris. Zwar warnten manche Militärbefehlshaber wie General Alexander Freiherr von Falkenhausen in Brüssel vor den wirtschaftlichen Folgen dieses »Ausverkaufs« Belgiens; genutzt haben derartige Proteste nur wenig. Hitler glaubte, seinen Soldaten das persönliche Beutemachen nicht verwehren zu dürfen.

Diese Form der Ausbeutung war jedoch nur eine Seite der Medaille; hinzu kam nach dem allgemeinen »Beuterecht« die willkürliche Beschlagnahme all dessen, was das Reich zur Fortführung des Krieges brauchte: Metalle, chemische Rohstoffe und Kautschuk, Öle, Häute und Felle, Holz sowie Schrott, aber auch große Mengen an Devisen, Edelmetallen und Schmuck, Tausende Kraftfahrzeuge, Lokomotiven und Waggons. Gewaltig waren auch die Mengen an Lebensmitteln – Butter und Margarine, Käse, Fleisch und Wurst, Fisch, frisches Gemüse und Mehl oder Kartoffeln, Eier sowie Heu, Stroh und Hafer für die Pferde –, welche die Wehrmacht und andere Organisationen beschlagnahmten, um sie ins Reich abzutransportieren. Einen »Hungerwinter« wie 1916/17 sollte es in Deutschland nie wieder geben.

An die Stelle der Plünderung trat bald die »rationelle Ausnutzung« (Hans Umbreit). In der Praxis bedeutete dies, dass die heimische Wirtschaft nach den Zerstörungen der Feldzüge wieder in Gang gesetzt wurde. Zum einen sollte damit die Arbeitslosigkeit vor Ort möglichst gering- und damit auch möglicher Widerstand kleingehalten werden. Zum anderen sollten Beauftragte der deutschen Industrie dafür sorgen, dass diese Betriebe ihren Beitrag zu einer deutschen wirtschaftlichen Hegemonie leisteten. Diese Politik umfasste auch die Vergabe von Rüstungsaufträgen an geeignete Firmen beispielsweise in Frankreich. Millionen Arbeiter arbeiteten bald direkt oder indirekt für die deutsche Kriegführung: in der Industrie, im Handwerk oder auf dem Lande.

»Rationelle Ausnutzung« bedeutete jedoch auch Zwangsarbeit. Völkerrechtlich war diese zwar nicht grundsätzlich verboten; Ausmaß, Form und Behandlung der Zwangsarbeiterinnen und Zwangsarbeiter ließen aber auch sie zu einem Kriegsverbrechen werden. Der Auslöser dafür war der wachsende deutsche Bedarf an Arbeitskräften in Industrie und Landwirtschaft, nachdem immer mehr Männer für den Krieg mobilisiert worden waren. Um die Rüstungsproduktion sowie die Ernährung der deutschen Bevölkerung aufrechtzuerhalten, waren daher nicht nur Millionen Kriegsgefangene und Tausende KZ-Häftlinge, sondern »Arbeiter« – Männer und Frauen – aus den besetzten Gebieten unentbehrlich. Die meisten der fast sechs Millionen (Stand Spätsommer 1944) Zwangsarbeiter stammten aus den Ostgebieten, knapp eine weitere Million kam aus Belgien, den Niederlanden, Frankreich und Italien.

Deutsche Soldaten beschlagnahmen Wein auf Kreta, 1941.

Nicht mitgerechnet sind Tausende, die der »Bandenzugehörigkeit« verdächtigt und aus Griechenland zwangsrekrutiert wurden. Völkerrechtswidrig war auch der Einsatz von Hunderttausenden Arbeitern allein in Frankreich beim Bau des »Atlantikwalls«.

»Kampf gegen Partisanen«

Besatzung, Plünderung und Repression, alltägliche kleine und große Schikanen sowie der wie in Griechenland durch die Besatzungsmacht mitverschuldete millionenfache Hunger bewegten die Menschen (neben dem Streben, die Besatzungsmacht wieder loszuwerden, und diversen politischen Motiven) dazu, auf vielfältige Weise Widerstand in allen besetzten Gebieten zu leisten. Die deutschen Hoffnungen, dass die schiere Präsenz von Wehrmacht, SS und Polizei, das Kollaborationsregime oder auch drakonische Strafandrohungen und exemplarische Hinrichtungen ausreichen würden, um diesen Widerstand kleinzuhalten oder zu ersticken, erfüllten sich nirgendwo. Europaweit entstanden vielmehr Widerstandsgruppen, die, teils mit alliierter Unterstützung, zu den Waffen griffen und deutsche Soldaten gezielt erschossen oder Sabotageakte verübten.

Selbst da, wo das Völkerrecht Repressalien gegenüber der lokalen Bevölkerung zuließ, überschritt das erbarmungslose Vorgehen der Besatzer jedes Maß. Im Zweifel dehnten sie das geltende Kriegsrecht exzessiv aus oder setzten es häufig genug ausdrücklich außer Kraft: Geiselerschießungen und öffentliche Hinrichtungen, die Ermordung der Bevölkerung ganzer Dörfer (samt deren Zerstörung) sowie der Abtransport in Konzentrationslager waren bald an der Tagesordnung. Manche Militärbefehlshaber wie General Otto von Stülpnagel in Paris oder auch Alexander von Falkenhausen in Brüssel versuchten zwar vor allem in der Frühphase der Besatzung, diesem Terror Einhalt zu gebieten. Dahinter stand neben altpreußischen Überzeugungen wie Pflichterfüllung, Gerechtigkeitssinn, Ehrenhaftigkeit oder Achtung des Gegners auch die Sorge, mit einer Politik der »Friedhofsruhe« den Widerstand noch zu fördern. Erfolg hatten sie damit allerdings nicht. Mit seinem Abschied beispielsweise setzte Stülpnagel Anfang 1942 kein Zeichen, er machte eher den Weg frei für noch härtere Maßnahmen. Andere wie die Militärbefehlshaber auf dem Balkan oder in Griechenland, die Generale Franz Böhme und Wilhelm Speidel, hatten keinerlei Skrupel.

Tausende fielen den Massakern nicht nur von SS-, sondern auch von Wehrmachteinheiten zum Opfer. In Serbien wird deren Zahl nur für den Herbst 1941 auf 20 000–30 000 geschätzt. Unter diesen Toten war die gesamte männliche jüdische Bevölkerung, die unter dem Vorwand der Geiselerschießung ermordet worden war. In Griechenland tötete man zwischen März 1943 und Oktober 1944 gut 20 000 Menschen. In Italien betrug die Zahl der zivilen Opfer von Massakern ohne die im Rahmen des Partisanenkrieges getöteten 10 000, in Frankreich 4000. Nicht eingerechnet sind die Opfer unter den Partisanen oder jener Zivilisten, die im Zuge der Repressalien ins Reich deportiert wurden. Auch wenn stark ideologisierte Einheiten der Waffen-SS für die meisten Massaker verantwortlich waren – eine Vorreiterrolle spielten auch einige Einheiten der Luftwaffe sowie einzelne Fallschirmjäger- und Gebirgsdivisionen.

Mittäterschaft beim Holocaust

Wehrmachteinheiten beteiligten sich auch in Süd-, West- und Nordeuropa am Holocaust. Die Unterdrückung und schließlich die Ermordung aller Juden in Serbien begann bereits unmittelbar nach dem Einmarsch der Wehrmacht im April 1941. Auch dabei bestärkte sie das Feindbild von der »jüdisch-bolschewistischen Verschwörung«. Kommunisten und Juden waren daher häufig die ersten »Geiseln«, die aus Vergeltung erschossen wurden. Manche Befehlshaber machten wie General Franz Böhme in Serbien in Zusammenarbeit mit dem SD regelrecht Jagd auf Juden. Die Grenze zwischen Repressalien für Angriffe auf deutsche Soldaten und Völkermord war fließend.

Gleiches gilt für Frankreich: Obwohl der Militärbefehlshaber, Stülpnagel, einerseits bemüht war, Repressalien – d.h. auch Geiselerschießungen – möglichst zu begrenzen, leistete er andererseits der Deportation französischer Juden in den Osten Vorschub, und zwar wohlwissend, dass sie dort »nichts Gutes« erwartete. Zwar unterstützte die Wehrmacht den Holocaust in Frankreich und Belgien anders als im Osten oder auf dem Balkan nicht aktiv, mitschuldig daran wurde sie jedoch durch ihre Passivität und ihr Wegsehen. Die Verhinderung der Deportation der restlichen 30 000 französischen Juden im Sommer 1944 auf Befehl der Militärverwaltung blieb eine Ausnahme.

↗ Volkssturmsoldaten bauen am S-Bahnhof Hermannstraße in Berlin eine Panzersperre.

7 Kriegsende und Legendenbildung

Vernichtungsstrategien im Untergang

Seit dem Sommer 1944 rückten die Alliierten an allen Fronten bis an die Reichsgrenzen vor. Der Zusammenbruch des »Dritten Reichs« war nur noch eine Frage der Zeit. Wie aber reagierten NS-Führung und Wehrmacht auf die drohende Niederlage? Im Gegensatz zur Regierung von 1918 wollte das NS-Regime das Sterben um keinen Preis freiwillig beenden. Eine Kapitulation widersprach seiner Ideologie. Vielmehr steigerte das Regime das Kriegsende zu einer letzten Orgie von Gewalt und Schrecken. Dabei konnten Hitler und seine Gefolgsleute sich auch auf die uneingeschränkte Unterstützung der Wehrmachtführung verlassen.

Alle noch verfügbaren Kräfte bis zum letzten Volkssturmmann sowie die Hitler-Jungen wurden mobilisiert und an die Fronten geschickt. Parallel dazu intensivierte das Regime seine Propaganda, vor allem aber den Terror. Immer neue Durchhalteappelle forderten Widerstand bis zur letzten Patrone, und das waren nicht nur Appelle: Wer freiwillig nicht weiterkämpfen wollte, sollte durch Terror dazu gezwungen werden. Opfer waren nun nicht nur die ›anderen‹ in den wenigen noch besetzten Gebieten sowie die aus der »Volksgemeinschaft« Ausgeschlossenen, sondern zunehmend auch die »Volksgenossen« in der Heimat und die eigenen Soldaten. Viele haben diesen Terror organisiert: Volksgerichtshof, Wehrmachtjustiz, Standgerichte und Feldgendarmerie, aber auch SS, Partei und Polizei.

Allein der Verdacht, nicht mehr kämpfen zu wollen, oder der Umstand, dass jemand den Krieg einfach als »verloren« bezeichnete, reichte aus, um von den Schergen des Regimes in kurzen Prozessen zum Tode verurteilt, an die Wand gestellt oder zur allgemeinen Abschreckung am nächsten Baum aufgehängt zu werden. Der Terror erfasste alle – vom einfachen Soldaten bis zum hohen General. Streifen durchkämmten die Gebiete hinter der Front, die in Flüchtlingstrecks, auf Verbandsplätzen und in zerbombten Ortschaften nach »Versprengten« suchten, um sie gestützt auf einen entsprechenden Befehl Keitels vom März 1945 standrechtlich zu erschießen. Um »Fahnenflucht« zu verhindern, wurden die Soldaten zugleich gezwungen, auf Deserteure zu schießen, teilweise auch auf sich zurückziehende deutsche Truppen; taten sie dies nicht, liefen sie Gefahr, selbst Opfer der blutigen Militärjustiz zu werden. Auch das waren Aufrufe zum Mord, die durch das Prinzip der Kollektivhaftung der entsprechenden Gruppe oder Kompanie und die Androhung von Sippenhaft bald weiter verschärft wurden.

Hitlers Befehl, auch diejenigen mit Sippenhaft zu bestrafen, die sich ergaben, ohne »verwundet zu sein oder nachweisbar bis zum äußersten gekämpft zu haben«, ist ebenso ein weiteres Beispiel für die Steigerung des Terrors wie die bewusst »ehrlose« Hinrichtung von drei Offizieren durch Genickschuss, die für die nicht rechtzeitig erfolgte Sprengung der Brücke von Remagen verantwortlich gemacht wurden. »Wer nicht in Ehren lebt, stirbt in Schande«, lautete die Devise des Oberbefehlshabers West, Generalfeldmarschall Albert Kesselring. Vor diesem Hintergrund war es nicht erstaunlich, dass deutsche Kriegsgerichte selbst bis über die Kapitulation hinaus noch einzelne Todesurteile verhängten und in einigen wenigen Fällen sogar in Gegenwart der Sieger vollstrecken ließen.

Auch am Holocaust beteiligte sich die Wehrmacht bis in die letzten Kriegstage. So erschossen Soldaten der Kriegsmarine am 3. Mai 1945,

US-Soldaten des 157. Infanterieregiments neben der Leiche eines deutschen Soldaten in Aschaffenburg. Dieser war wegen angeblicher Fahnenflucht von einem Standgericht am 27. März 1945 zum Tode verurteilt und einen Tag später hingerichtet worden. Auf dem Plakat neben ihm stand: »Feiglinge und Verräter hängen!«

als britische Truppen bereits vor Lübeck standen, zusammen mit Neustädter Bürgern und Männern des Volkssturms jüdische Häftlinge am Strand von Neustadt/Holstein. Auf Betreiben der SS hatte die Marine zuvor die Häftlinge aus dem KZ Stutthoff bei Danzig auf Prähmen nach Holstein gebracht.

Die genaue Zahl der Opfer dieses Terrors in der Endphase des Krieges wird sich wohl nie ermitteln lassen. Schätzungen zufolge wurden 35 000 Soldaten wegen Fahnenflucht verurteilt, vermutlich 15 000 davon hingerichtet. Die Zahl der gleichzeitig hingerichteten Zivilisten wird auf 10 000 geschätzt.

Die Wehrmacht auf der Anklagebank

Im Gegensatz zu anderen Kriegen in der Geschichte sollte das Morden dieses Mal nicht ungesühnt bleiben. Bereits im Herbst 1943 hatten die Alliierten beschlossen, die Verantwortlichen vor Gericht zu stellen. Nachdem in den jeweiligen Besatzungszonen bereits erste Prozesse gegen Kriegsverbrecher angelaufen waren, begann im zerstörten Nürnberg am 20. November 1945 der Prozess gegen die Hauptkriegsverbrecher. Der Ort war bewusst gewählt: Dort hatte sich das NS-Regime vor dem Krieg jährlich mit ungeheurem Propagandaaufwand inszeniert. Dort waren 1935 jene »Rassegesetze« beschlossen worden, die aus ideologischen Gründen Teile der Bevölkerung aus der »Volksgemeinschaft« ausgeschlossen sowie schließlich der Verfolgung und Ermordung ausgeliefert hatten.

Soweit sich die Verantwortlichen nicht wie Hitler, Goebbels und Himmler durch Selbstmord ihrer Anklage entzogen hatten, wurden sie vor dem Internationalen Militärgerichtshof angeklagt. Zu den Angeklagten gehörten führende Vertreter des Regimes wie Göring und Rudolf Heß, Joachim von Ribbentrop, Ernst Kaltenbrunner und Julius Streicher, Alfred Rosenberg, Robert Ley, Arthur Seiß-Inquart und Alfred Speer, Wilhelm Frick, Hans Frank und Hans Fritzsche, aber auch wichtige Akteure der Wirtschaft wie Hjalmar Schacht sowie Angehörige der alten Eliten wie Franz von Papen und Konstantin Freiherr von Neurath. In Gestalt von Göring, Wilhelm Keitel und Alfred Jodl sowie den Großadmiralen Raeder und Dönitz saß auch die Führung der Wehrmacht auf der Anklagebank. Ihnen allen wurden erstens die Verschwörung zum Angriffskrieg, zweitens Verbrechen gegen den Frieden, drittens Kriegsverbrechen sowie viertens Verbrechen gegen die Menschlichkeit vorgeworfen.

Auch wenn die Angeklagten die Legitimität des Gerichts infrage stellten, die Vorwürfe bestritten oder ihr Handeln unter Berufung auf

Sonderausgabe der *Süddeutschen Zeitung* über die Verkündung der Urteile des Nürnberger Prozesses gegen die Hauptkriegsverbrecher, 1. Oktober 1946

den Befehlsnotstand oder vergleichbares Handeln auf alliierter Seite zu rechtfertigen versuchten, verurteilte das Gericht die meisten von ihnen am Ende zum Tode oder zu langjährigen Haftstrafen. Drei der Angeklagten – Schacht, Papen und Fritzsche – wurden allerdings freigesprochen, da die Beweise gegen sie nicht ausreichten. Trotz des Chaos während des Kriegsendes hatten die Alliierten allerdings viele zentrale Dokumente gefunden, welche die Vorbereitung des Krieges oder die Kriegsverbrechen eindeutig belegten. Manch ehemaliger Weggefährte war zudem bereit, zulasten der Angeklagten auszusagen – in der Hoffnung, damit seinen eigenen Kopf zu retten. Die führenden Vertreter der Wehrmacht, Keitel und Jodl, wurden ebenso wie zahlreiche Spitzen des Regimes in allen Anklagepunkten schuldig gesprochen, zum Tode verurteilt und gehenkt. Die Großadmirale Raeder und Dönitz hingegen wurden nicht in allen Punkten für schuldig befunden und daher nur zu lebenslanger bzw. zehnjähriger Haft verurteilt. Sie seien, so das Gericht, Soldaten gewesen, welche »die politische Tätigkeit mit ihren militärischen Pflichten verbanden, die den Angriffscharakter der von ihnen ge-

Strafprozess vor dem Internationalen Militärgerichtshof in Nürnberg vom 20. November 1945 bis 1. Oktober 1946. Führende Angehörige des NS-Regimes wurden wegen Kriegsverbrechen, Verbrechen gegen den Frieden und gegen

die Menschlichkeit angeklagt. Hintere Reihe von links neben anderen: Karl Dönitz, Erich Raeder, Baldur von Schirach, Fritz Sauckel, Alfred Jodl. Vordere Reihe: Hermann Göring, Rudolf Heß, Joachim von Ribbentrop und Wilhelm Keitel und weitere.

Transparent an der Mauer des Berliner Stadtschlosses, 1947: »Entfernt die Kriegsverbrecher aus allen Positionen!«

planten Kriege sehr wohl kannten und die außerdem an einer Reihe von äußerst erschreckenden Kriegsverbrechen beteiligt waren«.

Im Gegensatz zur Wehrmachtspitze kamen Angehörige des Generalstabs und des OKW ungeschoren davon. Zwar hatten die alliierten Ankläger versucht, diese wie SS oder SD als Gruppe verurteilen zu lassen, waren damit aber trotz wichtiger Zeugenaussagen über die enge Zusammenarbeit von Einsatzgruppen und Wehrmacht im Vernichtungskrieg gescheitert. Für viele ehemalige Militärs war dies ungeachtet der Urteile über die eigenen Generale und Admirale ein wichtiger »Sieg«. Dabei hatte das Gericht bei seiner Begründung, warum es OKW und Generalstab nicht in Kollektivhaftung nahm, keinen Zweifel daran gelassen, dass es das Handeln dieser Gruppe moralisch zutiefst verabscheute:

> Sie sind in großem Maße verantwortlich gewesen für die Leiden und Nöte, die über Millionen Männer, Frauen und Kinder gekommen sind. Sie sind ein Schandfleck für das ehrenhafte Waffenhandwerk geworden. Ohne ihre militärische Führung wären die Angriffsgelüste Hitlers und seiner Nazi-Kumpane akademisch und ohne Folgen geblieben.

Der Vorwurf, an den Verbrechen des Regimes »rege teilgenommen« zu haben, prallte an den ehemaligen Verantwortlichen jedoch ab. Sie verschanzten sich hinter jener Rechtfertigung, die sie in der *Denkschrift der Generale* im Dezember 1945 vorgelegt hatten. Darin hatten der frühere Oberbefehlshaber des Heeres, Walther von Brauchitsch, sowie die Generale Halder, Walter Warlimont, Manstein und Siegfried Westphal im Dezember 1945 wider besseres Wissen behauptet, nur das getan zu haben, was alle Soldaten in Kriegen täten. Einen Angriffskrieg hätten sie nie geplant, verbrecherische Befehle hätten sie abgelehnt, die Massenmorde seien ohne ihre Kenntnis allein von der SS begangen worden. Damit knüpften sie zugleich an den letzten *Wehrmachtsbericht* vom 9. Mai 1945 an:

> Der deutsche Soldat hat, getreu seinem Eid, im höchsten Einsatz für sein Volk für immer Unvergessliches geleistet. [...] Den Leistungen und Opfern der deutschen Soldaten zu Lande, zu Wasser und in der Luft wird auch der Gegner die Achtung nicht versagen.

Zu weiteren Prozessen vor einem Internationalen Militärtribunal kam es nicht. Die Alliierten beschränkten sich darauf, in den folgenden Jahren führende Verantwortliche aus Partei, Wirtschaft oder Ärzteschaft in ihren jeweiligen Besatzungszonen zur Verantwortung zu ziehen. In zwei großen Verfahren standen 1947/48 noch einmal hohe Wehrmachtgenerale wegen Kriegsverbrechen vor einem US-Gericht. Parallel dazu gab es zahlreiche Prozesse gegen Generale in den ehemaligen besetzten Gebieten. Insgesamt 37 Todesurteile gegen Generale von Heer und Luftwaffe wurden in verschiedenen Prozessen verhängt und auch vollstreckt, eines in Italien, je zwei in Nürnberg und in Griechenland sowie 16 in Jugoslawien. 61 Generale wurden in der Sowjetunion verurteilt und teilweise öffentlich gehängt.

Parallel zu den Verhandlungen gegen die Führungskräfte gab es auch Tausende Verfahren gegen Offiziere, Unteroffiziere und einfache Soldaten, vor allem aber gegen Angehörige von Waffen-SS, SS und SD, de-

Im »OKW-Prozess« erhielten 11 der 14 Angeklagten Freiheitsstrafen zwischen drei Jahren und lebenslänglich. Keiner von ihnen saß allerdings länger als bis 1954 in Haft. Die Angeklagten während der Verhandlung, 12. Februar 1948: 1. Reihe v. l.: Ritter Wilhelm von Leeb, Hugo Sperrle, Georg von Küchler, Hermann Hoth, Georg-Hans Reinhardt, 2. Reihe v. l.: Walter Warlimont, Otto Wöhker, Rudolf Lehmann.

nen man Kriegsverbrechen und Verbrechen gegen die Menschlichkeit zur Last legte. Ihre Zahl wird auf 50 000 bis 60 000 geschätzt. Die meisten Verfahren erfüllten jedoch die üblichen rechtsstaatlichen Standards nicht. Das gilt für die summarischen Verurteilungen in der Sowjetunion zu pauschal 25 Jahren Haft oder auch die auf erpressten Geständnissen beruhenden Urteile in Jugoslawien ebenso wie für manche Prozesse in Frankreich oder vor US-Militärgerichten. Dass die Mehrzahl der Angeklagten dennoch zu Recht vor Gericht stand und verurteilt wurde, steht außer Frage.

Legendenbildung

Bereits mit dem Ende des Krieges kam die Legende von der »sauberen Wehrmacht« auf. Die eigentlich »unpolitischen Soldaten« seien von einem Diktator missbraucht worden, hieß es. Wo immer möglich, hätten sie die vom ehemaligen Chef der Heeresleitung, Generaloberst Hans von Seeckt, im Jahre 1936 als Säulen des Heeres bezeichneten Werte wie »Pflicht«, »Ehre« und »Kameradschaft« verteidigt. Diese Legende verbreiteten die Angehörigen der Wehrmacht vor den Gerichten und auch in den Spruchkammerverfahren, in denen sie sich rechtfertigen mussten. Der Freispruch von OKW und Generalstab des Heeres im Nürnberger Prozess sowie manche Folgeprozesse förderten diese Mythenbildung gleichermaßen wie die sehr frühen kritischen Äußerungen mancher alliierter Generale und Richter an den Prozessen. Dass der britische Militärrichter 1946 das Urteil gegen Generaloberst Student wegen Kriegsverbrechen auf Kreta – fünf Jahre Haft – wegen dessen »untadeliger Haltung« nicht bestätigen wollte, ist dafür ebenso ein Beispiel wie die persönliche Bemerkung des britischen Generalleutnants Sir Frank Simpson, der den Vorsitz im Manstein-Prozess innehatte, vor der Verkündung des Urteils im Dezember 1949:

> Ich habe das erste Mal in meinem Leben gegen meine Überzeugung handeln müssen. Wäre ich in der Lage des Feldmarschalls gewesen, so hätte ich auch nur so wie er handeln können. Aber bei den bestehenden Bestimmungen musste ich ihn verurteilen.

Das Verständnis für die Täter, das sich in derartigen Äußerungen widerspiegelte, ist ein Hinweis darauf, dass auch die Alliierten diese bald in einem anderen Licht sahen. Anzeichen dafür hatte es schon 1945/46 gegeben. Schon früh hatten sich die Alliierten – Ost wie West – darum bemüht, Experten wie die Raketenbauer um Wernher von Braun anzuwerben. Deren Know-how, das die Kriegsmaschine des Regimes am Laufen gehalten hatte, wollte man zukünftig auch für die eigene Kriegführung nutzen. Mit der Verschärfung des Kalten Krieges verstärkten die Alliierten ihre Suche nach solchen Experten. »Historical Teams« arbeiteten nicht nur den vergangenen Krieg für die US-Army auf, sondern erstellten unter der Leitung Franz Halders Studien, die für einen möglichen neuen Krieg gegen die Sowjetunion hilfreich sein sollten.

Eisenhower und Adenauer am 3. Juni 1953. Ehrenerklärungen des späteren amerikanischen Präsidenten und des deutschen Bundeskanzlers trugen dazu bei, dass ehemalige Soldaten die junge Bundesrepublik akzeptierten.

Bei der Vorbereitung eines möglichen erneuten Kampfes gegen den »Bolschewismus« (Halder) rückten die einstigen Gegner im Zeichen des Koreakriegs seit 1950 wieder stärker zusammen. Für viele Ehemalige in westallliierten Gefängnissen verbesserten sich die Chancen auf baldige Begnadigung und Freilassung. Diejenigen, die wie Hans Speidel oder Adolf Heusinger nicht vor Gericht gestanden hatten, setzten Bundesregierung und Westalliierte massiv unter Druck. Unterstützt

Viele ehemalige Wehrmachtsoldaten halfen beim Aufbau der Bundeswehr mit. Theodor Blank, Bundesminister der Verteidigung (M.), Adolf Heusinger, Generalleutnant der Bundeswehr und Leiter des Militärischen Führungsrates im Verteidigungsministerium (l.) sowie Hans Speidel, Generalleutnant der Bundeswehr und Chef der Abteilung Gesamtstreitkräfte im Verteidigungsministerium, am Tag der Ernennung, 12. November 1955.

Auch in der DDR bauten ehemalige Offiziere der Wehrmacht die Nationale Volksarmee mit auf. Der frühere Generalleutnant Vincenz Müller, hier am Jahrestag der Nationalen Volksarmee bei Wilhelm Pieck am 1. März 1957, wurde General der NVA.

wurden sie dabei von den Tausenden, die sich in den wieder zugelassenen Traditionsverbänden zusammengefunden hatten und auf deren Mitwirkung beim Aufbau der Bundeswehr die Bundesregierung hoffte. Für sie alle waren die Freilassung von Kameraden, die aus ihrer Sicht zu Unrecht verurteilt worden waren, die Anerkennung ihrer militärischen Leistungen und die Wiederherstellung ihrer »Ehre« Voraussetzungen für die Mitwirkung beim Aufbau neuer Streitkräfte. Die öffentlichen Stellungnahmen, mit denen der damalige NATO-Oberbefehlshaber, General Dwight D. Eisenhower 1951 und ein Jahr später auch Bundeskanzler Konrad Adenauer erklärten, »dass wir alle Waffenträger unseres

Großes Aufsehen erregte der Fall Theodor Oberländer. In Abwesenheit verurteilte ein Gericht in der DDR den ehemaligen Offizier der Wehrmacht und damaligen Bundesminister für Vertriebene zu lebenslanger Haft. Oberländer wurde vorgeworfen, 1941 die Ermordung der Juden in Lemberg befohlen zu haben. Er trat von seinem Ministeramt zurück. 1998 stellte die Staatsanwaltschaft Köln fest, dass er nicht für die Verbrechen verantwortlich gemacht werden könne. Eine Auswertung der Stasiakten belegt, dass das Verfahren gegen Oberländer auch mit gefälschten Dokumenten geführt wurde.

Volkes, die im Namen der hohen soldatischen Überlieferung ehrenhaft zu Lande, auf dem Wasser und in der Luft gekämpft haben, anerkennen«, machten es vielen einst führenden Generalen und Admiralen leichter, beim Aufbau der Bundeswehr mitzuhelfen. Diese Erklärung, die die Angehörigen der Wehrmacht nicht mehr pauschal als Verbrecher betrachtete, förderte zugleich auch die Akzeptanz der jungen Bundesrepublik durch Millionen ehemalige Soldaten.

Tatsächlich bauten ehemalige Wehrmachtsoldaten vom General bis zum einfachen Landser die Bundeswehr auf. 1955, zehn Jahre nach der totalen Niederlage, wurden sie damit zu Verbündeten der vormaligen Kriegsgegner. Im Hintergrund mischten manche Ehemalige, die wie Halder und Manstein aufgrund ihrer aktiven Rolle bei der Vorbereitung und Führung von Hitlers Kriegen außen vor bleiben mussten, jedoch noch Jahrzehnte mit. Und die Alliierten akzeptierten diese Mitarbeit ohne größere Skrupel. Dies galt anfänglich auch für die Sowjetunion, die manche Ehemalige beim Aufbau der Nationalen Volksarmee der DDR duldete. Die französische Ablehnung von Hans Speidel, der während des Krieges als Chef des Kommandostabs beim Militärbefehlshaber in Frankreich für Geiselerschießungen mitverantwortlich gewesen war, und dessen daraus folgende Ablösung als Oberbefehlshaber der alliierten Landstreitkräfte in Mitteleuropa 1963 blieb ein Einzelfall. Die weitaus meisten uniformierten Täter starteten unbehelligt ein zweites Leben, manche eine zweite Karriere – wie auch das Gros der zivilen Täter nach 1945 nichts zu befürchten hatte. Seiner persönlichen Verantwortung für die Verbrechen im Zweiten Weltkrieg hat sich kaum einer gestellt.

➚ Die Hochstaufen-Kaserne in Bad Reichenhall. 2012 erhielt die damals nach General Rudolf Konrad benannte Kaserne ihren neuen Namen. Dessen Handlungen gelten als nicht vereinbar mit dem Traditionsverständnis der Bundeswehr.

8 Vom Wandel des Geschichtsbildes

Für viele ehemaligen Soldaten wurden die zahlreichen »Notgemeinschaften« der späten 1940er Jahre und die seit 1950 wie Pilze aus dem Boden schießenden Traditionsverbände der verschiedenen Truppengattungen einschließlich der Waffen-SS ein wichtiges Forum. Zum einen konnten sie dort ihre berechtigten materiellen Interessen artikulieren, alte Kameraden wiedersehen, das Schicksal der vielen Vermissten klären (zumindest hofften das viele) oder der Gefallenen gemeinsam gedenken. Zum anderen waren diese Treffen von Anfang an ein Ort der Selbstrechtfertigung. Fallschirmjäger, Kämpfer des Afrikakorps, U-Bootfahrer, Jagdflieger und andere betonten dort gebetsmühlenartig, sie hätten ritterlich und in gutem Glauben nichts als ihre Pflicht für das Vaterland getan. Ihre Ausgrenzung sowie die zahllosen Nachteile, unter denen vor allem Berufsoffiziere bei der »Wiedereingliederung« in die Gesellschaft immer noch litten, die Kriegsgefangenschaft und der Verlust der Heimat derjenigen, die aus dem Osten kamen, ihre Verwundungen und »Kriegsbeschädigung« würden deutlich machen, dass auch sie verführte Opfer, keinesfalls aber allesamt Täter seien. Umso mehr forderten sie daher die Anerkennung ihrer militärischen Leistungen, ihre »Rehabilitierung«, soweit sie verurteilt worden waren, und vor allem die Wiederherstellung ihrer »Ehre«.

»Erschriebene Siege«

Neben diesen Treffen, an denen Zehntausende ehemalige Soldaten und deren Angehörige teilnahmen, nutzten viele höhere Offiziere und Generale zugleich alle publizistischen Möglichkeiten, um ihre Deutung des Weltkrieges und der eigenen Rolle durchzusetzen. Beispielsweise gab es im Sommer 1948 einen öffentlichen Schlagabtausch zwischen dem württembergischen Landesbischof Theophil Wurm und Generaloberst a. D. Heinrich von Vietinghoff über die Verantwortung der Generale für die Katastrophe. Es entbehrt dabei nicht einer gewissen Ironie, dass Vietinghoff Wurms Vorwurf, die Generale hätten schon früh versagt, mit der keineswegs unberechtigten Frage konterte, warum die Bischöfe nicht frühzeitig von der Kanzel gegen das NS-Regime Stellung genommen hätten.

Aus der Sicht derer, die sich reinwaschen wollten, waren die zahllosen veröffentlichten Memoiren und sonstigen Publikationen ehemaliger Generale und Admirale jedoch viel wirksamer als die Auseinandersetzungen in den großen Tageszeitungen und in den Serien in den neuen Wochenmagazinen – *Der Spiegel*, *Quick* und *Stern*. Wer sich über den vergangenen Krieg informieren wollte, griff auf die ehemaligen Autoritäten zurück. Doch diese erzählten nicht nur, wie es – aus ihrer Sicht – gewesen war. Viel entscheidender war, dass sie damit die öffentliche Deutung der Rolle und Verantwortung der Wehrmacht für annähernd zwei Jahrzehnte prägen sollten.

Dabei lassen sich grob gesagt zwei Argumentationsmuster erkennen. Auf der einen Seite stehen jene, die – wie Halder und Heinz Guderian – in Anknüpfung an die ›Großen‹ des einstigen preußischen Generalstabs – Scharnhorst, Moltke, Schlieffen und selbst Erich Ludendorff – glaubten, durch Beschreibung des vergangenen Krieges objektive militärische Lehren formulieren zu können. Fragen nach individueller Schuld oder kollektiver Verantwortung wichen sie so geschickt aus. Stattdessen erklärten sie den Krieg zum »Verhängnis« oder zum unver-

Vorbereitung für das Fallschirmjägertreffen in Braunschweig vom 28./29. Juli 1951. Traditionsverbände wurden für viele ehemalige Soldaten zu einem wichtigen Ort, um die eigenen Interessen zu vertreten, sich zu rechtfertigen und »alte Kameraden« wiederzusehen.

meidbaren »Präventivkrieg«, für den allein Hitler die Verantwortung trage. In subtiler Weise betrieb die ehemalige Militärelite damit ihre ›Reinwaschung‹. Schließlich habe sie ohne jedes Interesse für ideologische oder politische Fragen die ihr gestellten Aufgaben bestmöglich zu erfüllen versucht.

Die unsichtbare Flagge
von Peter Bamm

Auf der anderen Seite verfassten viele ehemalige Soldaten Autobiographien und Memoiren – weit über zweihundert waren es am Ende. Am erfolgreichsten waren Bücher wie die von Peter Bamm und Heinz Gollwitzer, einem Arzt und einem Theologen, welche die Ereignisse ›von unten‹ beschrieben. Zwar schilderte beispielsweise Bamm in seiner zweifellos selbstkritischen Autobiographie *Die Unsichtbare Flagge* (1952) vor allem das Leiden des einfachen Soldaten, doch die Wehrmacht erschien in seinem Werk als regimeferne Institution, die für »Menschlichkeit« im Kriegsalltag gekämpft habe. Verantwortlich für die Grausamkeiten machte er überwiegend die ›Anderen‹ – SS und SD.

In den Memoiren der Angehörigen der ehemaligen Führung wiederum wurde fleißig an der eigenen Legende gearbeitet. In ihren Büchern beschrieben sie jedoch nicht einfach ihr Leben, sondern rechtfertigten einmal mehr ihr Handeln vor 1945. Dass sie dabei, wie Manstein in seinem erfolgreichen Buch *Verlorene Siege* (1955), nie geschehene »Siege« erschrieben, die sie mit ihrer Feldherrnkunst errungen hätten, wenn nicht der militärische Dilettant Hitler ihnen ins Handwerk gepfuscht hätte, ist eine der bitteren Ironien dieser Memoirenliteratur. In Zeitungsartikeln, öffentlichen Vorträgen, vor allem aber auf den bis in die 1980er Jahre immer noch von Tausenden besuchten Traditionstreffen hatten die ehemaligen Generale lange Zeit vielfältige Möglichkeiten, ihre Sicht der Vergangenheit weiter zu verbreiten. Hinzu kamen die Hofierung durch ehemalige Untergebene, die in der Bundeswehr hohe Posten innehatten, sowie schließlich auch das Fernsehen mit seinen Dokumentationen.

Der Beginn der wissenschaftlichen Aufarbeitung

Die Rückgabe der Akten des »Dritten Reichs« an die Bundesrepublik durch die drei Westalliierten seit den frühen 1960er Jahren veränderte die Debatte nachhaltig. Die ehemaligen Generale, die bislang, ausgestattet mit der Autorität des Zeitzeugen und gestützt auf die eigenen Unterlagen, die Deutung der Rolle der Wehrmacht bestimmt hatten, wurden nun von Historikerinnen und Historikern mit unangenehmen Fragen und unerwünschten Deutungen konfrontiert. Hans Speidel versuchte beispielsweise als Mitglied des Kuratoriums des neugegründeten Instituts für Zeitgeschichte vergeblich, dessen Forschungen zur Wehrmacht zu beeinflussen. Gleiches gilt für das Militärgeschichtliche Forschungsamt der Bundeswehr. Auch dort sah sich dessen erster Amtschef, ein ehemaliger Generalstabsoffizier – Oberst i. G. Hans Meier-Welcker – der Wehrmacht, zahlreichen Einflussversuchen ehemaliger oder weiterhin aktiver Soldaten ausgesetzt, die ihr Bild von der Geschichte des Zweiten Weltkrieges bewahren wollten. Meier-Welcker ließ sich davon jedoch nicht beirren. Zielstrebig bereiteten er und seine Nachfolger den Weg für Studien über einzelne Kriegsschauplätze wie den Balkan (Klaus Olshausen) oder den Westen (Dieter Ose), zur Komplizenschaft von NS-Führung und Militär (Klaus-Jürgen Müller sowie Manfred Messerschmidt).

Zugleich begannen die Arbeiten an dem großen, quellengestützten Werk *Das Deutsche Reich und der Zweite Weltkrieg*. Die ersten Bände, insbesondere der Band über den *Überfall auf die Sowjetunion* (Bd. 4), spiegeln ungeachtet der großen Erkenntnisfortschritte auch die unterschiedlichen Sichtweisen der Generationen. Die von älteren Historikern vertretene These vom »Präventivkrieg« steht unverbunden neben der Deutung jüngerer Forscher, dass der Krieg gegen die Sowjetunion von Anfang an ein rassenideologisch motivierter, verbrecherischer Angriffskrieg gewesen sei. Die weiteren Bände haben den von Anfang an verbrecherischen Charakter des Krieges bestätigt. Zugleich haben sie methodisch und inhaltlich Maßstäbe gesetzt für eine moderne Operations-, aber auch eine Politik-, Wirtschafts- und Gesellschaftsgeschichte des Zweiten Weltkrieges aus deutscher, in Teilen sogar internationaler Perspektive.

Bereits Anfang der 1960er Jahre hatten Historiker und damit auch die Öffentlichkeit begonnen, von einem »Vernichtungskrieg« zu sprechen.

Neben Andreas Hillgruber, dessen Arbeiten über »Hitlers Strategie« wegweisend waren, befassten sich damit insbesondere zahlreiche Historiker am Institut für Zeitgeschichte, die aber darüber hinaus auch zum Krieg gegen die Sowjetunion forschten. Dieser war laut Martin Broszat, Helmut Krausnick, Hans-Heinrich Wilhelm und anderen »der ungeheuerlichste Eroberungs-, Versklavungs- und Vernichtungskrieg« (Ernst Nolte) in der Geschichte. Mit ihrem Befund ebneten sie einer Deutung den Weg, welche die Wissenschaft sukzessive durch weitere Forschungen belegt hat, sosehr die ehemaligen Verantwortlichen dies ungeachtet der erdrückenden Beweislast auch zu bestreiten versuchten. Die Reaktionen auf Michael Salewskis Werk über die deutsche »Seekriegsleitung« (1970–1975), in dem er der Marine ihren Anteil an der Vorbereitung und Führung eines verbrecherischen Krieges vorhielt, Christian Streits Buch über den Mord an Millionen sowjetischen Kriegsgefangenen (1978) oder die öffentlichen Debatten über den *Kommissarbefehl* im Zuge des 40. Jahrestags von Unternehmen »Barbarossa« (1981) zeigten, wie schwierig es auch nach fast vierzig Jahren immer noch war, sich kritisch mit der Rolle der Wehrmacht im Zweiten Weltkrieg auseinanderzusetzen.

Fragen an die Geschichte

Doch nicht nur Wissenschaftler stellten kritische Fragen an die Geschichte. Auch Filme griffen das Thema auf. Am bekanntesten war die frühe Defa-Produktion *Die Mörder sind unter uns* (1946), in der erstmals NS-Regime, Terror, Krieg und Verbrechen gezeigt wurden. Auch wenn die Handlung fiktiv war, dürften die meisten Zeitgenossen den realen Hintergrund zumindest geahnt haben. Die 1950er Jahre waren insofern eher ein Rückschritt, als viele Filme über den Krieg zwar dessen Schrecken und die zahllosen Opfer zeigten, die Wehrmacht als Institution jedoch eher positiv darstellten. Individuelles Heldentum an der Front (*08/15*, 1954; *Haie und kleine Fische*, 1957), auf der Flucht (*Nacht fiel über Gotenhafen*, 1959) und im Lager (*Der Arzt von Stalingrad*, 1958) überlagerte die eher am Rande thematisierten Schrecken des Regimes. Der Erfolg an der Kinokasse schien wichtiger als anspruchsvolle Auseinandersetzungen mit der NS-Zeit, wie etwa im ersten Film über den *20. Juli*

Mit *Die Mörder sind unter uns*, in den Hauptrollen Hildegard Knef und Ernst Wilhelm Borchert, begann 1946 die filmische Auseinandersetzung mit dem Nationalsozialismus.

1944 (1955). Bernhard Wickis *Die Brücke* (1959) setzte neue Akzente: Er brachte schonungslos die Gewaltorgien der letzten Kriegsmonate einschließlich des Wütens der »Kettenhunde« der Feldgendarmerie und den Missbrauch einer indoktrinierten Jugend in die Kinos – und bald auch in die Schulen.

Dokumentationen im neuen Medium Fernsehen ergänzten und differenzierten das Bild. Neben den verantwortlichen Generalen traten darin auch die Gegner und Opfer auf. Die maßgeblich von dem Kölner Historiker und führenden Weltkriegsexperten Andreas Hillgruber mitbetreute deutsch-sowjetische Dokumentation aus Anlass des 40. Jahrestags des Überfalls auf die Sowjetunion (1981) war zweifellos ein Meilenstein. Medienwirksamer und gesellschaftspolitisch nachhaltiger war freilich die US-Serie *Holocaust*, Anfang 1979 erstmals ausgestrahlt. Sie löste eine viel größere öffentliche Debatte aus als die Frage »Wo seid ihr gewesen?«, die die 68er-Generation ihren Vätern und Großvätern vorgelegt hatte. Im Gegensatz zu damals stellten sich nun viele Verant-

Bernhard Wickis Film *Die Brücke* (1959) stellte nicht nur schonungslos die Grausamkeiten der letzten Kriegswochen dar. Er thematisierte auch, wie Jugendliche durch die NS-Ideologie instrumentalisiert und missbraucht wurden.

wortliche den unbequemen Fragen und gaben Antworten, so unangenehm ihnen diese auch waren.

Die Rede von Bundespräsident Richard von Weizsäcker auf einer Gedenkveranstaltung im Deutschen Bundestag am 8. Mai 1985 zum 40. Jahrestag des Kriegsendes war erinnerungspolitisch eine Wegscheide:

> Es geht nicht darum, Vergangenheit zu bewältigen. Das kann man gar nicht. Sie lässt sich ja nicht nachträglich ändern oder ungeschehen machen. Wer aber vor der Vergangenheit die Augen verschließt, wird blind für die Gegenwart. Wer sich der Unmenschlichkeit nicht erinnern will, der wird wieder anfällig für neue Ansteckungsgefahren.

Bei den Angehörigen der nach 1945 Geborenen fand dieser Appell, »Verantwortung durch Erinnern« zu übernehmen, großen Anklang. Viele Ältere taten sich jedoch weiterhin schwer damit, fühlten sie sich doch

Bundespräsident Richard von Weizsäcker bei seiner vielbeachteten Rede im Bonner Bundestag am 8. Mai 1985 zum Ende des Zweiten Weltkrieges 40 Jahren zuvor.

wie die Millionen ehemaligen Soldaten, Verwundeten und Kriegsgefangenen oder Vertriebenen als Opfer und nicht als Täter.

Mitte der 1980er Jahre debattierten namhafte Historiker öffentlich über die deutsche Vergangenheit und deren Deutung, doch der sogenannte Historikerstreit stieß in der Öffentlichkeit nur auf geringe Resonanz. Erst die Wehrmachtsausstellung des Hamburger Instituts für Sozialforschung, die deutschlandweit Aufsehen erregte, da sie die Wehrmacht für den Holocaust und unzählige Kriegsverbrechen mitverantwortlich machte, riss Mitte der 1990er Jahre noch einmal alte Wunden auf. Viele ehemalige Soldaten fühlten sich von dem Vorwurf, kollektiv mit für die Verbrechen verantwortlich gewesen zu sein, in ihrer Ehre gekränkt und liefen jahrelang öffentlich Sturm gegen die Ausstellung. Die Mitverantwortung der Führung der Wehrmacht, aber auch vieler Soldaten an den Verbrechen geriet dabei allerdings allzu schnell aus dem Blick. Neue Studien des Instituts für Zeitgeschichte, des Militärgeschichtlichen Forschungsamts und des Hamburger Instituts für Sozialforschung, aber auch von Historikern an den Universitäten, haben mittlerweile zwar manche Thesen des Ausstellungsteams widerlegt. Zugleich konnte aber weitgehend bestätigt werden, dass die Wehrmacht als Institution 1939–1945 an Kriegsverbrechen und am Holocaust beteiligt war.

Tradition – welche Tradition?

Bereits in der *Himmeroder Denkschrift*, dem Gründungsdokument der späteren Bundeswehr, hatten die Ehemaligen ihr positives Bild von der Wehrmacht deutlich gemacht. Daran wollten sie auch nach endgültiger Aufstellung nicht rütteln, wie zahlreiche Reden belegen. Dafür wurden sie allerdings auch immer wieder von kritischen Parlamentariern in die Schranken gewiesen.

Wie schwierig der Umgang nicht nur der westdeutschen Gesellschaft, sondern vor allem auch der neugegründeten westdeutschen Streitkräfte mit der Vergangenheit war, zeigt die Haltung gegenüber den Attentätern des 20. Juli 1944. Für viele Ehemalige waren sie nach 1945 weiterhin eidbrüchige Verräter. Das Urteil des FDP-Bundestagsabgeordneten und ehemaligen Generals der Panzertruppen Hasso von

Tagesbefehl des Generalinspekteurs der Bundeswehr General Adolf Heusinger vom 20. Juli 1959

Die Tat des 20. Juli 1944 – eine Tat gegen das Unrecht und gegen die Unfreiheit – ist ein Lichtblick in der dunkelsten Zeit Deutschlands. Die tragische Wahrscheinlichkeit des Scheiterns vor Augen, entschlossen sich freiheitlich gesinnte Kräfte aus allen Lagern, in vorderster Front Männer aus den Reihen der Soldaten, zum Sturz des Tyrannen. Das christlich-humanistische Verantwortungsbewusstsein, das diesen Entschluss bestimmte, gab ihrem Märtyrertum die Weihe.
Wir Soldaten der Bundeswehr stehen in Ehrfurcht vor dem Opfer jener Männer, deren Gewissen durch ihr Wissen aufgerufen war. Sie sind die vornehmsten Zeugen gegen die Kollektivschuld des deutschen Volkes. Ihr Geist und ihre Haltung sind uns Vorbild.

Manteuffel spiegelte das Denken vieler Wehrmachtangehöriger wider: Man könne nicht seine Kameraden »an der kämpfenden Front durch Meuterei hinter der Front verraten«, hatte er um die Jahreswende 1949/50 erklärt. Obwohl die Führung der 1955/56 neu aufgestellten Bundeswehr das Andenken des 20. Juli ehrte und bald auch Kasernen nach an diesem Widerstand Beteiligten benannte, verschwanden derartige Denkmuster aus den Köpfen vieler nicht so schnell.

Im Gegenteil: Die Benennung von Kasernen und Räumen nach ehemaligen Wehrmachtgeneralen, die Einladungen an die »Alten« wie Manstein und Student sowie die »Ehrenbegräbnisse« für viele Generale machten deutlich, dass die Erkenntnis, dass militärische Grundtugenden wie Tapferkeit, Pflichterfüllung und Disziplin auch für verbrecherische Ziele missbraucht worden waren, noch längst nicht alle erreicht hatte. Der zweite *Traditionserlass* für die Bundeswehr von 1982 war nur ein erster Schritt in die richtige Richtung. Er distanzierte sich zwar ausdrücklich vom verbrecherischen NS-Regime, nicht aber von der Wehrmacht. Kasernennamen zu Ehren überzeugter NS-Generale wie »Dietl« (Füssen) und hingerichteter Kriegsverbrecher wie »Kübler« (Mittenwald) oder der »Student«-Saal in Altenstadt blieben daher unangetastet. Erst massiver öffentlicher Druck hatte in den 1990er Jahren ein Umdenken zur Folge.

Dass die Aufgabe, Traditionswürdigkeit und militärisches Handwerk voneinander zu trennen, damit nicht aus der Welt war, zeigte das Wiederaufflammen der »Traditionsdebatte« 2017. Inwieweit der 2018er *Traditionserlass* mit seiner noch deutlicheren Trennlinie zwischen Wehrmacht und Bundeswehr dauerhaft Abhilfe schaffen wird, bleibt abzuwarten.

↗ Die Pietà-Plastik *Mutter mit totem Sohn* von Käthe Kollwitz steht in der zentralen Gedenkstätte für die Opfer von Krieg und Gewaltherrschaft der Neuen Wache in Berlin.

9 Fazit – Zur Verantwortlichkeit der Wehrmacht

Der Zweite Weltkrieg sprengte alle Dimensionen – er brach fast alle Tabus. Die Zahl der begangenen Verbrechen stieg ins Unermessliche, und das Leid ist auch aus der Rückschau unvorstellbar. Dieser Krieg wurde vor allem am Boden geführt, aber auch auf dem Wasser, in und aus der Luft. Die Zahl der Opfer wird weltweit auf 60 bis 65 Millionen Tote geschätzt, über die Hälfte von ihnen waren Zivilisten. Noch weit mehr wurden an Körper und Seele verwundet. Verantwortlich für dieses Geschehen sind hauptsächlich die Deutschen und die Japaner mit ihrer menschenverachtenden Raub- und Expansionspolitik.

Osteuropa war nur einer der Kriegsschauplätze. Der Feldzug der Wehrmacht gegen die Menschen dort war aber das Kernstück der deutschen Kriegführung im Zeichen der nationalsozialistischen Lebensraum- und Vernichtungsideologie. Dieses Ziel war kein Geheimnis: Hitlers erster Weg, gerade einmal vier Tage, nachdem man ihn am 30. Januar 1933 ins Amt eingeführt hatte, führte ihn bewusst in die Zentrale der Reichswehrführung, wo er ihr erstmals reinen Wein einschenkte. Noch mehrmals wiederholte er seine Eroberungspläne, die Führung der Wehrmacht plante sie militärisch aus und setzte sie um. Es fällt daher heute schwer zu glauben, dass so viele nicht gewusst haben wollen, was tatsächlich auf sie zukam.

Zumal das, was man unter »Germanisierung« an jenem 3. Februar 1933 im Bendler-Block in Berlin vielleicht noch nicht eindeutig zu fassen vermochte, in den folgenden Jahren innerhalb der deutschen Gesellschaft zunehmend brutaler praktiziert wurde: Zur Zerstörung jeder politischen Opposition kam die Ausgrenzung all jener, die laut der NS-Ideologie nicht zur Volksgemeinschaft gehören sollten: Juden, aber auch Sinti und Roma, Homosexuelle oder Behinderte, »Asoziale« und politisch Andersdenkende.

Antisemitismus, Rassismus, Homophobie und Chauvinismus bildeten die Säulen der »Germanisierung«, pseudolegale Entrechtung und brutale Gewaltanwendung bis zum Mord waren die Mittel dazu. Auf dieser Grundlage haben Deutsche ihre Mitmenschen eingesperrt, und zwar bereits seit 1933 in Konzentrationslager. Sie haben sie misshandelt und ermordet, auch ohne Gerichtsverhandlung – und zwar nicht erst im Krieg.

Das alles hat nicht nur die Wehrmachtführung erlebt, es geschah vor aller Augen. Nach und nach löste Hitler ein, was er der Armee versprochen hatte: gesellschaftliches Prestige, personelle und materielle Aufrüstung, die Revision des Versailler Vertrags und schließlich die Expansion des »Reichs«. Nur wenige Generale haben diesen Kurs kritisiert, weil sie ihn wie Kurt von Hammerstein-Equord oder Ludwig Beck für verantwortungslos hielten.

Große Teile der Bevölkerung haben diese Politik sogar aus unterschiedlichen Gründen unterstützt – sei es, weil sie die Ziele der NSDAP teilten, sei es, weil sie Deutschlands alte Großmachtstellung zurückhaben wollten, sei es, weil sie von der Aufrüstung profitierten. Auch die militärische Führung war von Anfang an eine Stütze des NS-Regimes. Seit der Niederlage im Ersten Weltkrieg warteten viele auf den Tag der Revanche, und Hitler schien ihnen das zu ermöglichen. Erst die militärische Eroberung weitete die nationalsozialistischen Gewaltphantasien auf beinahe ganz Europa aus: Ohne Front hätte es ein Morden hinter der Front nicht geben können, Vernichtungslager auf polnischem Boden waren nur möglich, weil ihn die Wehrmacht zuvor erobert hatte.

Die (Mit-)Verantwortung der Wehrmacht als Institution für die Verbrechen des NS-Regimes ist heute unstrittig, ebenso die Beteiligung einzelner Wehrmachtsoldaten daran. Viele waren an Verbrechen gewöhnt, basierte darauf doch die gesamte NS-Herrschaft. Die Propaganda von der arischen »Herrenrasse«, vor allem aber dem slawischen »Untermenschen«, knüpfte an tradierte Vorurteile genauso an wie der Antisemitismus und der allgemeine Rassismus. Neu in der nationalsozialistischen Ausprägung war die mörderische Umsetzung, 1939 war sie jedoch hinlänglich bekannt und angesichts der bis zum zweiten Kriegsjahr gemachten Gewalterfahrungen zumal für die Soldaten kein gar so großer Schritt mehr. Wie rasch sich »ganz gewöhnliche Männer« in skrupellose Mörder verwandelten, hat Christopher Browning bereits vor einem Vierteljahrhundert belegt.

Die stets wiederkehrende Frage nach der Zahl der Täter aus den Reihen der Wehrmacht und ihrem Anteil an den Verbrechen ist nicht unwichtig. Auch 75 Jahre nach Kriegsende gibt es dazu viele offene Fragen. Hilfreich bei der Suche nach Antworten ist zweifellos der Hinweis auf die eskalierende Gewalt im Verlauf des Krieges, die Abstumpfung gegenüber Brutalität, die Abnahme der Empathie gegenüber dem Gegner, die vor allem im Osten Europas zu wahlloser Gewalt führte.

Baum inmitten des »Denkmals für die ermordeten Juden Europas« in Berlin. Am 10. Mai 2005 wurde das Mahnmal mit 2711 Stelen feierlich eröffnet. Der dazugehörige »Ort der Information« dokumentiert die Verfolgung und Vernichtung der europäischen Juden, an der auch die Wehrmacht ihren Anteil hatte.

Zwar ist die Unterscheidung zwischen dem militärischen Auftrag an die Wehrmacht und dem Völkermordauftrag an SS, SD und alle anderen nationalsozialistischen Mörderbanden dabei von großer Bedeutung. Allerdings ist nicht zu leugnen, dass diese Aufgabenverteilung allerspätestens mit dem Beginn des Überfalls auf die Sowjetunion, im Grunde aber schon mit der Besetzung Polens keine Rolle mehr spielte. Ob der einzelne Soldat zum Verbrecher wurde, konnte er letzten Endes selbst entscheiden, denn er war per Befehl zu jeglicher Gewalt autorisiert, die er wem auch immer antun wollte. Im Großen und Ganzen setzten die Soldaten der Wehrmacht über alle Dienstgradgrenzen hinweg den nationalsozialistischen Raub- und Vernichtungskrieg um. Die allgemeine Gleichgültigkeit oder gar Ignoranz gegenüber der Vernichtung der europäischen Juden ist anders nur schwerlich zu erklären.

Denn unbekannt waren die Verbrechen nicht, wie hernach millionenfach behauptet. Major Rudolf Christoph Freiherr von Gersdorff, Abwehroffizier bei der Heeresgruppe Mitte, berichtete nach der Rückkehr von einer Frontreise im Dezember 1941 – und ließ dies auch ins Kriegstagebuch der Heeresgruppe aufnehmen:

> Bei allen längeren Gesprächen mit Offizieren wurde ich, ohne darauf hingedeutet zu haben, nach den Judenerschießungen gefragt. Ich habe den Eindruck gewonnen, dass die Erschießungen der Juden, der Gefangenen und auch der Kommissare fast allgemein im Offizierkorps abgelehnt wird. [...] Es ist hierzu festzustellen, daß die vorhandenen Tatsachen in vollem Umfang bekannt geworden sind und dass im Offizierkorps der Front weit mehr darüber gesprochen wird, als anzunehmen war.

Diese Verbrechen veranlassten Gersdorff bereits 1943, sich aktiv am Widerstand gegen das NS-Regime zu beteiligen. Er war sogar bereit, sich zusammen mit Hitler in die Luft zu sprengen, um damit dem Terror und Morden ein Ende zu bereiten. Derartige Versuche scheiterten jedoch – manchmal in letzter Minute. Nur wenige zeigten aber diesen Mut zum Widerstand auch um den Preis des eigenen Lebens. Viele andere machten hingegen bis zum bitteren Ende aktiv mit, noch mehr schauten zu oder einfach weg.

Nachwort

1939 entfachte das Deutsche Reich mit dem Überfall auf Polen den Zweiten Weltkrieg. Das Besondere an diesem Krieg war dessen rassenideologische Aufladung sowie die daraus resultierende Verfolgung und Ermordung von Millionen Menschen.

Millionen Soldaten zogen für das nationalsozialistische Deutschland in einen von Anfang an verbrecherischen Krieg. Die Mehrzahl der Soldaten glaubte, der richtigen Sache zu dienen. Wenige ahnten, welche Folgen dieser Krieg, der zum Weltkrieg erwuchs, haben würde.

Die Wehrmacht als Institution hat durch ihre Beteiligung an diesem Krieg unvorstellbare Schuld auf sich geladen: Zeugnisse dafür sind die menschenverachtenden, rassenideologisch motivierten und von Fanatismus zeugenden Befehle und Durchhalteparolen sowohl der Generalität als auch der Admiralität. Diese Befehle bewirkten den Tod von Kriegsgefangenen, die Ausbeutung besetzter Gebiete, die Massenhinrichtungen von Zivilisten, die exzessive Anwendung der Strategie der Verbrannten Erde auf den Rückzügen sowie die Beteiligung an der Verfolgung und Ermordung der europäischen Juden. Angehörige der Wehrmacht haben diese Befehle befolgt, zumeist ohne Widerspruch oder aus Angst vor Repressalien. Sie haben damit persönlich Schuld auf sich geladen.

Auch wenn die große Mehrzahl der 18 Millionen Soldaten sich nicht an Verbrechen beteiligt hat und manche sogar den Mut zum aktiven Widerstand gefunden haben, stellt der seit 2018 gültige *Traditionserlass* der Bundeswehr unmissverständlich fest: »Der verbrecherische NS-Staat kann Tradition nicht begründen. Für die Streitkräfte eines demokratischen Rechtsstaats ist die Wehrmacht als Institution nicht traditionswürdig. Gleiches gilt für die Truppenverbände sowie Organisationen, die Militärverwaltung und den Rüstungsbereich.«

Die vorliegende Publikation des Zentrums für Militärgeschichte und Sozialwissenschaften der Bundeswehr in Potsdam behandelt schwerpunktmäßig die Wehrmacht und deren Beteiligung an Verbrechen des nationalsozialistischen Regimes. Die Verfasser, Prof. Dr. Michael Epkenhans und Oberstleutnant PD Dr. John Zimmermann, stützen sich auf eine große Fülle an wissenschaftlicher Grundlagenforschung. Ihr Buch klagt nicht pauschal an. Es fordert vielmehr auf, darüber nachzudenken, welche Folgen Nationalismus, Rassismus und völkisches Gedankengut gehabt haben und noch haben können. Es soll 75 Jahre nach der Befreiung des Konzentrationslagers Auschwitz durch die Rote Armee eine Mahnung für Gegenwart und Zukunft sein.

Ich wünsche dem Buch eine große Verbreitung. Möge es zu vielen Diskussionen anregen.

Mich persönlich hat immer die Frage bewegt, warum Menschen in einem Krieg derart ›verrohen‹ können. Menschen, die vor dem Krieg Söhne, Brüder und Väter waren und von denen zu viele während des Krieges bereit waren, jene Verbrechen zu begehen, die uns heute so erschüttern und mit dem Soldatentum unvereinbar sind.

Dr. Jörg Hillmann,
Kapitän zur See und Kommandeur des Zentrums für Militärgeschichte und Sozialwissenschaften der Bundeswehr

Potsdam, im September 2019

Anhang

Zeittafel

1933

30. Januar 1933	Reichspräsident Paul von Hindenburg ernennt den Führer der NSDAP, Adolf Hitler, zum Reichskanzler.
3. Februar 1933	Hitler erläutert seine Ziele in einer Geheimrede vor den Spitzen der Reichswehr: »Ausrottung des Marxismus«, Eroberung von »Lebensraum im Osten«.
21. März 1933	Tag von Potsdam: Alte und neue Eliten feiern ihren Zusammenschluss.
24. März 1933	Verabschiedung des »Ermächtigungsgesetzes«, zusammen mit der »Reichstagsbrandordnung« vom 28. Februar 1933. Beginn der Aushöhlung des Rechtsstaates
14. Oktober 1933	Das Deutsche Reich tritt aus dem Völkerbund aus.

1934

2. August 1934	Tod Hindenburgs und Vereidigung der Reichswehr auf Hitler

1935

13. Januar 1935	Abstimmung im Saargebiet für eine Rückkehr zum Deutschen Reich
16. März 1935	Wiedereinführung der Wehrpflicht im Deutschen Reich
18. Juni 1935	Deutsch-Britisches Flottenabkommen

1936

7. März 1936	Einmarsch ins entmilitarisierte Rheinland entgegen den Bestimmungen des Versailler Vertrages

1937

5. November 1937	Besprechung Hitlers mit den Spitzen der Wehrmacht; Enthüllung seiner Kriegspläne

1938

4. Februar 1938	Entlassung von Reichswehrminister und Oberbefehlshaber der Wehrmacht, Generalfeldmarschall Werner von Blomberg und dem Chef der Heeresleitung, Generaloberst Werner von Fritsch; Bildung des Oberkommandos der Wehrmacht unter Hitlers Führung
12. März 1938	Einmarsch deutscher Truppen in Österreich (Unternehmen »Otto«)
27. August 1938	Rücktritt des Chefs des Generalstabs des Heeres, General Ludwig Beck, aus Protest gegen Hitlers Kriegskurs (Soldaten können nicht zurücktreten, sondern werden ihres Postens enthoben – in diesem Fall auf eigenen Wunsch)
29./30. September 1938	Die Münchener Konferenz zwischen dem Deutschen Reich, Italien, Frankreich und Großbritannien verhindert einen Krieg, auf Kosten der Tschechoslowakei.

1939

15. März 1939	Einmarsch der Wehrmacht in die »Rest-Tschechei«; Bruch des Münchener Abkommens
23. März 1939	Einmarsch deutscher Truppen ins Memelgebiet, das nach dem Ersten Weltkrieg abgetreten werden musste
23. August 1939	Deutsch-sowjetischer Nichtangriffspakt
1. September 1939	Deutsche Truppen überfallen Polen.
3. September 1939	Großbritannien und Frankreich erklären dem Deutschen Reich den Krieg.

1940

9. April 1940	Deutscher Überfall auf Dänemark und Norwegen
10. Mai 1940	Deutscher Angriff auf Belgien, Luxemburg, die Niederlande und Frankreich
28. Oktober 1940	Italien überfällt Griechenland.

1941

Februar 1941	Eingreifen Deutschlands in den Krieg Italiens in Nordafrika, Aufstellung eines »Deutschen Afrikakorps«
30. März 1941	Rede Hitlers vor etwa 250 Generalen (Ankündigung des Überfalls auf die Sowjetunion)
6. April 1941	Deutscher Angriff auf Jugoslawien und Griechenland
22. Juni 1941	Deutscher Überfall auf die Sowjetunion (Unternehmen »Barbarossa«)
8. September 1941	Beginn der deutschen Blockade Leningrads (bis zum 18. Januar 1944)
29./30. September 1941	Massaker von Babyn Jar
7./8. Dezember 1941	Japan überfällt den US-Stützpunkt Pearl Harbour auf Hawaii; Beginn des Pazifikkrieges.
11. Dezember 1941	Deutschland erklärt den USA den Krieg.

1942

20. Januar 1942	»Wannseekonferenz« – Beschluss zur »Endlösung der Judenfrage«
7. November 1942	Die Westalliierten landen in Nordafrika.

1943

31. Januar/2. Februar 1943	Ende der Schlacht von Stalingrad; die Reste der 6. Armee gehen in sowjetische Gefangenschaft.
12. Mai 1943	Das Deutsche Afrikakorps kapituliert in Tunis.
10. Juli 1943	Landung der Westalliierten auf Sizilien
25. Juli 1943	Sturz/Verhaftung des italienischen Duce Benito Mussolini
3. September 1943	Beginn der westalliierten Invasion Italiens
13. Oktober 1943	Kriegserklärung Italiens an das Deutsche Reich

1944

6. Juni 1944	Die Westalliierten landen in der Normandie.
22. Juni 1944	Beginn der sowjetischen Großoffensive (Zerschlagung der deutschen Heeresgruppe Mitte)
20. Juli 1944	Das Attentat und der Putschversuch durch Oberst Claus Schenk Graf von Stauffenberg scheitern.
23. Juli 1944	Mit dem KZ Majdanek wird das erste deutsche Vernichtungslager befreit (durch die Rote Armee).
15. August 1944	Westalliierte Invasion in Südfrankreich

1945

12./13. Januar 1945	Großoffensive der Roten Armee
27. Januar 1945	Befreiung des KZ Auschwitz durch die Rote Armee
25. April 1945	Aufeinandertreffen amerikanischer und sowjetischer Truppen bei Torgau an der Elbe
30. April 1945	Selbsttötung Hitlers; Nachfolger wird Großadmiral Karl Dönitz
8./9. Mai 1945	Bedingungslose Kapitulation des Deutschen Reiches
November 1945 – Oktober 1946	Prozess gegen die Hauptkriegsverbrecher vor dem Internationalen Militärtribunal in Nürnberg

Literaturhinweise

Das Deutsche Reich und der Zweite Weltkrieg. Hrsg. vom Militärgeschichtlichen Forschungsamt (MGFA). 10 Bde. Stuttgart 1978–2008.

Benz, Wolfgang: Der Holocaust. 7. Auflage. München 2008.

Böhler, Jochen: Auftakt zum Vernichtungskrieg. Die Wehrmacht in Polen 1939. Bonn 2006.

Christian Hartmann: Wehrmacht im Ostkrieg. Front und militärisches Hinterland 1941/42. München 2009.

Fleischer, Hagen: Im Kreuzschatten der Mächte: Griechenland 1941–44. Okkupation, Resistance, Kollaboration. Frankfurt a. M. 1986.

Gentile, Carlo: Wehrmacht und Waffen-SS im Partisanenkrieg. Italien 1943–1945. Paderborn 2012.

Gerlach, Christian: Krieg, Ernährung, Völkermord. Deutsche Vernichtungspolitik im Zweiten Weltkrieg. Zürich 2001.

Glauning, Christine/Nachama, Andreas (Hrsg.): Alltag Zwangsarbeit 1938–1945. Berlin 2017.

Hartmann, Christian / Hürter, Johannes / Lieb, Peter /Pohl, Dieter: Der deutsche Krieg im Osten 1941–1944. Facetten einer Grenzüberschreitung. München 2009.

Herbert, Ulrich: Fremdarbeiter. Politik und Praxis des »Ausländer-Einsatzes« in der Kriegswirtschaft des Dritten Reiches. 2. Auflage, Bonn 1999.

Hürter, Johannes: Hitlers Heerführer. Die deutschen Oberbefehlshaber im Krieg gegen die Sowjetunion 1941/42, München 2006.

Kundrus, Birthe: »Dies ist der große Rassenkrieg«. Krieg und Holocaust in Europa. München 2018.

Lieb, Peter: Konventioneller Krieg oder Weltanschauungskrieg? Kriegführung und Partisanenbekämpfung in Frankreich 1943/44. München 2007.

Longerich, Peter: »Davon haben wir nichts gewusst!« Die Deutschen und die Judenverfolgung 1933–1945. München 2006.

Manoschek, Walter: Die Wehrmacht im Rassenkrieg. Der Vernichtungskrieg hinter der Front. Wien 1996.

Messerschmidt, Manfred: Die Wehrmacht im NS-Staat. Zeit der Indoktrination. Hamburg 1969.

Mühlhäuser, Regina: Eroberungen. Sexuelle Gewalttaten und intime Beziehungen deutscher Soldaten in der Sowjetunion 1941–1945. Hamburg 2010.

Müller, Klaus-Jürgen: Das Heer und Hitler. Stuttgart 1969.

Müller, Rolf-Dieter: Hitlers Wehrmacht 1935–1945. München 2012.

– / Volkmann, Hans-Erich (Hrsg.): Die Wehrmacht. Mythos und Realität. München 1999.

Pohl, Dieter: Die Herrschaft der Wehrmacht. Deutsche Militärbesatzung und einheimische Bevölkerung in der Sowjetunion 1941–1944. München 2008.
Pohl, Karl-Heinrich (Hrsg.): Wehrmacht und Vernichtungspolitik. Militär im nationalsozialistischen System. Göttingen 1999.
Römer, Felix: Der Kommissarbefehl. Wehrmacht und NS-Verbrechen an der Ostfront 1941/42. Paderborn 2008.
Streit, Christian: Keine Kameraden. Die Wehrmacht und die sowjetischen Kriegsgefangenen 1941–1945. Neuausgabe Bonn 1991.

Abbildungsnachweis

akg-images: 7, 9 und 10 Universal Images Group / Sovfoto, 17, 20, 28, 37, 44, 47 TT News Agency / SVT, 93 picture alliance / dpa, 95, 97 Michael Treller, 101 Mondadori Portfolio, 115 Sammlung Berliner Verlag / Archiv, 120/121, 124, 133, 138 Album / Allied Artists, 143 Dieter E. Hoppe

ARD: 64 Pallokat/ARD-Warschau (mit freundlicher Genehmigung von Ulrich Gauer)

Archiv des Hamburger Instituts für Sozialforschung: 86 und 89 Johannes Hähle

Bundesarchiv Berlin-Lichterfelde: 91 R 2104/23. B-731f.

Bundesarchiv Bildarchiv: 40 Bild 101I-020-1268-36 Johannes Hähle, 49 Bild 146-1972-026-43, 65 Bild 183-1987-0102-505 Scherl Bilderdienst, 76 Plak 003-042-036, 81 Bild 101I-007-2477-06 Trautvetter, 84 Bild 101I-212-0221-08 Thiede, 119 Bild 146-1990-032-29A, 128 Bild 183-44786-0002 Heilig

Bundesarchiv Militärarchiv: 56/57 RW 4/v. 578, Bl. 42-44

bpk Bildagentur: 25, 72 Hermann Hoefke, 88, 108 Franz Peter Weixler, 122 Friedrich Seidenstücker

J. H. Darchinger / Friedrich-Ebert-Stiftung: 13

DEFA-Stiftung: 137 Walter Martsch

Deutsches Historisches Museum, Berlin: 26, 39 A. Psille (mit freundlicher Genehmigung von Christa Dietzel), 54 S. Ahlers, 67 I. Desnica, 77 und 105 Gerhard Gronefeld

Mediendatenbank der Bundeswehr: 131 GebJgBrig23

Picture alliance: 11 dpa, 15 dpa / Bertelsmann Lexikon Verlag, 70 ullstein bild / Heinrich Hoffmann, 122 ZB / Berliner Verlag / Archiv, 126 dpa / Georg Brock, 129 dpa / Günter Bratke, 139 dpa / Steiner, 145 blickwinkel / McPHOTO / M. Weber

Süddeutsche Zeitung Photo: 11, 23, 35, 53, 60, 69 und 74 Scherl, 18 Sepp Spiegl, 79 Germin, 101 Manfred Neubauer, 110 Rue des Archives / Tallandier, 127 Bundesregierung / Rolf Unterberg

ullstein bild: 117

United States Holocaust Memorial Museum: 51 1. B. Ashley Grimes II

Die unsichtbare Flagge (Cover): 134

www.gedenkort-t4.eu / Archiv Artur Hojan: 63

Personenregister